JN087223

これだけは押さえておこう

国際税務のよくあるケース

公認会計士・税理士
佐和 周 著
Sawa Amane

50 第3版

中央経済社

はじめに

　本書は，海外に進出している日本企業向けに，国際税務の基礎を解説するものです。

　本書の第一の特徴として，国際税務の理論よりも，実務的に重要なポイントを中心に解説している点があります。具体的には，著者がよく受ける以下の4パターンの質問をもとに，50のケースに限定して，税務上の留意事項をまとめています。

　1．こういうケースではどうなりますか？
　2．どちらが得ですか？
　3．どうにかして税金が安くならないですか？
　4．こういう困ったことが起きたのですが，どうすればよいですか？

　第二に，本書では，制度ごとに解説していくのではなく，実際のビジネスに着目し，海外進出の流れに沿って国際税務の概要を解説しています。つまり，「移転価格税制とは？」，「タックス・ヘイブン対策税制とは？」という理論的な切り口ではなく，「海外子会社と製品取引を行うとき，どこに気を付ければよいか？」，「低税率国に子会社を設立したら，どうなるか？」等の切り口でまとめています。

　第三に，本書は「海外に進出している日本企業」にとって重要なポイントに限定して解説しています。国際税務は，「日本に進出している海外企業」にとっても重要なものですが，この場合はポイントが少し違ってきます。通常の国際税務の入門書は，「日本に進出している海外企業」のため

の論点もカバーしており，これがより国際税務を難しく感じさせる一因となっていると思われます。

　第四に，説明にあたっては，シンプルな図表や数値例を使っています。国際税務は複雑な面があるので，著者も仕事では，「ちょっとホワイトボードに書いてもらえますか？」とよく言われます。本書では，ホワイトボードに書くべき図表や数値例も解説の中に織り込んでいます。

　最後に，法律の条文は一切書いていません。本来，国際税務の入門書は，適宜条文を参照しながら読むべきものだとは思います。ただ，もうちょっとさらっと読める本があってもよいと思いますし，何より，著者自身が，税法の条文を読むのが大嫌いなもので…。

　本書の第2版が発行されてから3年近くが経過し，その間には，国際税務の世界でも様々な変化がありました。やはり，OECD（経済協力開発機構）のBEPSプロジェクトの内容が徐々に日本の税制にも反映され，移転価格税制やタックス・ヘイブン対策税制の分野で，継続的な改正が行われていることが大きいと思います。また，新たな租税条約の締結に加えて，MLI（BEPS防止措置実施条約）への参加などもあるので，制度の理解はより難しくなっている印象です。このあたりも含め，今回の改訂では，第2版から以下のような変更を行いました。

- 移転価格税制について，2019年度税制改正の内容（新たな無形資産の定義や，新たな独立企業間価格の算定方法であるDCF法の内容）を反映
- 上記を受けて，「海外子会社に無形資産を持たせてみる」というケースを「海外子会社に無形資産を移転させてみる」に変更し，内容を拡充

- 低付加価値IGSの対価について，2018年の移転価格事務運営要領の改正を受けて，簡易な算定方法（5％マークアップ）の内容を追加
- タックス・ヘイブン対策税制（外国子会社合算税制）が関係する各ケースについて，2017年度税制改正以降の税制改正の内容を反映
- 過大支払利子税制について，2019年度税制改正の内容を反映
- 「海外子会社の売却前に配当させてみる」というケースについて，2020年度税制改正（子会社株式簿価減額特例）の内容を反映
- MLI（BEPS防止措置実施条約）への参加を含め，租税条約等の情報をアップデート
- 最近のトピックに関する豆知識をいくつか追加
- その他，セミナーなどでご質問を頂いた部分の表現を変更　などなど

　国際税務の知識はコモディティ化が進んでいるため，「知っていて当然」という風潮も強くなっている一方，制度自体が常に変化しているので，少し気を抜くとすぐに時代遅れになってしまいます。

　本書が，そういう大変な思いをされている税務担当者の方々の一助になることを心から願っています。

　最後に，いつもながら温かいコメントで激励してくださった中央経済社の末永芳奈氏，貴重なコメントを頂いた松本知之氏に改めて厚く御礼申し上げます。

2020年10月

佐　和　周

Contents

B どちらが得ですか？
── 損得を考えてみる

C どうにかして税金が安くならないですか？ 123
── 節税策を考えてみる

D 困ったことが起きたのですが… 159
── よくあるトラブルに対処する

第 **I** 部

国際税務が関係する局面

1 ┃ 国際税務とは？

　日本企業が海外で事業を行う場合，いやでも「国際税務」について考えざるをえない局面があります。国際税務については，その理論面を考える前にまず，**日本は世界有数の高税率国**であるということを知っておく必要があります（図表Ⅰ－1参照）。

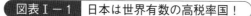

図表Ⅰ－1　日本は世界有数の高税率国！

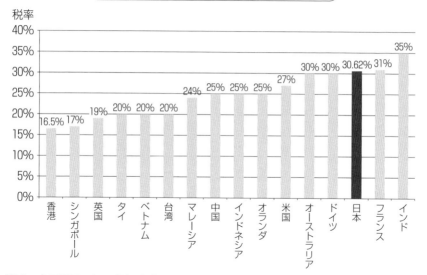

（出典：各国当局のウェブサイト等から著者作成。所得の金額・業種・場所などにより税率が異なるため（特に，インド・米国・ドイツ），各国とも大まかな数値を記載している）

　企業にとって重要なのは，当然ながら，連結ベースの税引後利益です。しかしながら，税率の高い日本国内だけで事業を行っている限り，実効税率を下げる手段はそう多くはありません。

　一方，海外を見渡せば，日本よりも税率の低い国が多くあります。かつては日本より税率の高かった米国も，いわゆる「トランプ税制改革」によ

り税率が大幅に引き下げられました。また，上表では税率の高いインドも，一定の製造会社にはもっと低い税率が適用されます。

　したがって，単純に考えると，海外に進出することは税務メリットにもつながりそうです。端的には，**税務上問題のない形で，利益をできるだけ税率の低い国に配分し，企業グループ全体で見た税金の額及び実効税率を引き下げるのが基本的な考え方**になります。

　国際税務について，著者が相談を受ける場合，その内容は大きく，以下のように分類できます。

（A）基本的なルールの把握
（B）選択の余地がある場合，どちらがより効率的であるかの検討
（C）税務上の効率性の追求
（D）税務リスクの遮断

　もう少し整理すると，まずは，（A）国際税務の基本的なルールを把握しておかないと話が始まりません。

　次に，海外事業については，その事業形態や取引形態に様々な選択肢があり，税務の観点からも選択肢を検討する局面があります。その場合，（B）どの選択肢が連結実効税率の引下げに最も寄与するかを考える必要があります。

　また，より積極的に，（C）海外との税率差を生かして税務上の効率性を追求する，例えば，低税率国に子会社を設立し，そこに利益を移転するような対応もあるでしょう。

　ただし，特に税務上の効率性を追求する場合，（D）税務リスクを遮断することが重要になります。例えば，低税率国への利益移転にあたっては，タックス・ヘイブン対策税制などに注意が必要です。

　本書は，このような（A）〜（D）の4つの切り口（パターン）をもと
に，国際税務のポイントを50のケースにまとめています。

2 ｜ どの国の税法が適用される？

　「国際税務」というと，漠然としていてよくわからない印象があるかもしれません。しかし，当然ながら，国際税務は「税法」の話です。ただし，全世界共通の１つの税法があるわけではなく，**税法は国ごとに定められています**。つまり，日本企業であれば，まずは日本の税法（法人税法，消費税法，所得税法，租税特別措置法など）を理解する必要があります。しかしながら，海外に進出すると，同時に海外の税法も考えなければなりません。これに加えて，**租税条約**（Keyword参照）も考慮する必要が出てきます（図表Ⅰ－２参照）。

Keyword

租税条約

　租税条約とは，二重課税の排除や脱税の防止などを目的として締結される条約で，日本は2020年10月１日現在で，140の国や地域と租税条約を締結しています。租税条約は，単純にいうと，海外での日本企業に対する課税を制限してくれるものです。最も多いパターンとしては，日本企業が海外で源泉徴収されるケースで，その源泉税を減免してくれるという効果があります（第Ⅱ部　パターンA ４ 参照）。

　「どこまで課税を制限してくれるか」という意味での租税条約の効果（特典）は相手国によって異なりますが，一般的な傾向として，対先進国の租税条約はその効果が大きい一方，適用にあたって厳しい条件が課されています。逆に，対新興国の租税条約は，その効果は限定的ですが，適用のための条件は緩くなっています。

　したがって，「国際税務について考える」というのは，**実質的には日本**

の税法と海外の税法（及び租税条約）を総合的に検討することを意味します。

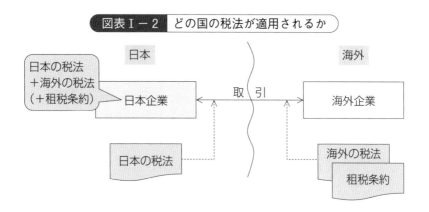

図表Ⅰ－2　どの国の税法が適用されるか

　日本の税法と海外の税法が別々に存在するということは，概念的には簡単に理解できるのですが，実務的には非常に複雑な問題を引き起こすことがあります。例えば，A国の（海外）子会社同士が合併する場合，どの国の税法に基づいて課税関係を考えればよいのでしょうか？　この点は後ほど確認しますが，答えとしては，日本の税法とA国の税法を両方検討しなければならないことになります（第Ⅱ部　パターンA24参照）。つまり，日本の税法に基づく課税関係については，日本の専門家に確認し，A国の税法に基づく課税関係については，A国の専門家に確認する必要があります。

　さらにいえば，多数の国にまたがる取引については，取引に関係する国の数だけ税法があるため，それぞれの国の税法を検討しなければなりません。例えば，B国に中間持株会社を設立し，C国とD国の事業子会社の株式をその中間持株会社に移転する場合，日本の税法のほか，B国・C国・D国の税法も確認しなければならないということです（詳細については，第Ⅱ部　パターンA23参照）。

3 ▍具体例で考えてみよう

　概念的な話はここまでにして，具体例で見てみましょう。

　いま，国内でビジネスが完結しているＤ社について考えてみます。この場合，Ｄ社は基本的に日本の税法のみを考えればよいことになります。

具体例(1)　製品を輸出する場合

　では，Ｄ社が製品を海外に輸出し始めた場合はどうでしょうか。

　この場合，貿易のことなど，色々なことを考えなければなりませんが，こと税務についていえば，Ｄ社は海外の税法をあまり意識する必要はなく，基本的に日本の税法のみを考えればよいことになります（図表Ⅰ－3参照）。その意味で，国内でビジネスが完結している場合と大差はありません。

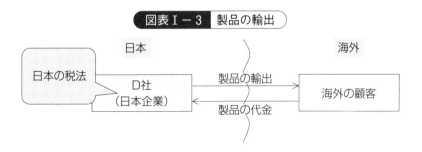

図表Ⅰ－3　製品の輸出

具体例(2)　海外企業とライセンス契約を締結する場合

　次に，Ｄ社に対して，海外のＦ社から，「Ｄ社の持っている特許について，ライセンス契約を締結したい」という申し出があった場合はどうでしょうか。

　ライセンス契約を締結した場合，Ｄ社はＦ社からライセンス・フィー（特許権の使用料。以下「ロイヤルティ」と呼びます）を受け取ることになります（図表Ⅰ－4参照）。

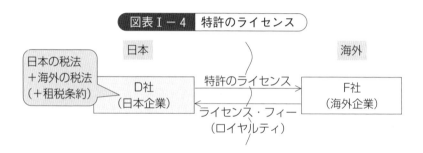

図表Ⅰ－4　特許のライセンス

【日本の税法ではどうなるか？】

　この場合，ロイヤルティの受取りは，それが国内企業からの受取り
か海外企業からの受取りかを問わず，日本の税法（法人税法など）に
基づいて課税されます。つまり，ロイヤルティを受け取った日本企業
の課税所得に含まれ，約30％という日本の実効税率で，通常の法人税
等が課されるということです。

【海外の税法ではどうなるか？】

　ただし，海外企業からのロイヤルティの受取りの場合，海外の税法
に基づく課税も考える必要があります。例外はあるものの，ロイヤル
ティは一般的に一定の税率で，海外でも課税されます。そして，この
課税は通常，源泉徴収という形をとります。

【租税条約ではどうなるか？】

　いま，Ｆ社の所在地国の税法で，源泉税率が20％と定められている
とします。この場合，Ｄ社が受け取るロイヤルティについては，20％
の税率で源泉徴収されるのでしょうか。ここでもう１つ考えなければ
ならないのが，租税条約です。租税条約は，端的には海外企業と取引

する日本企業を守ってくれるものであり，一般的には租税条約がある
ことで，日本企業の海外での課税が軽減されます。ここでは，Ｆ社の
所在地国と日本との間の租税条約で源泉税率が10％に軽減されている
としましょう。この場合，Ｄ社がＦ社に100の請求書を発行した場合，
現地で10（＝100×10％）の源泉徴収が行われ，残額の90がＤ社に送
金されてきます。

【まとめると】

　以上より，**ロイヤルティの支払いという１つの取引について，日本
で30％の税率で課税され，同時に海外で10％の税率で課税されること
になり，これがいわゆる「二重課税」の問題**です（図表Ⅰ－５参照）。

図表Ⅰ－５　２つの税法が適用されるので二重課税が発生する

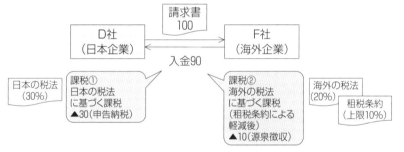

　日本の税法と海外の税法が別々に存在するということは，海外進出
企業は常にこの二重課税のリスクに直面していることを意味します。

　この二重課税を排除する方法については後ほど触れるとして，Ｄ社のよ
うに，海外に支店や子会社といった拠点がない場合，上記のライセンス契
約のような海外との取引があれば，それについて個別に検討を行うことに
なります。

具体例⑶　海外に拠点を持つ場合

　最後に，Ｄ社が海外に支店や子会社といった拠点を設けた場合はどうなるでしょうか。

　海外に拠点を設けると，海外との個別の取引の検討に加えて，海外支店や海外子会社といった拠点自体の税務を考える必要が出てきます。例えば，Ｄ社の海外支店や海外子会社は現地で申告や納税を行うのが通常です（図表Ⅰ－6参照）。この場合の所得計算は，当然ながら，海外の税法に基づいて行われます。

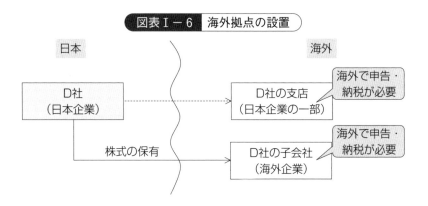

図表Ⅰ－6　海外拠点の設置

　詳細は後述しますが，海外支店の場合，海外で一度課税された支店の利益が，日本でも（日本の税法に基づいて）課税され，その段階で「二重課税」が発生します。

　海外子会社の場合，その利益は原則として日本では課税されません。ただ，その利益を日本に還流させる場合，海外子会社は海外で一度課税された利益を原資として配当するので，その配当が（日本の税法に基づいて）日本親会社の側で課税されると，「二重課税」が発生する可能性があります。

　国際税務の観点からは，**海外に拠点（特に子会社）を設立した後のほうが，格段に要検討事項が多くなります**。

4 複雑な税制は基本的なメッセージで理解しておく

制度の大枠をつかもう！

　最後に少し視点を変えて，いわゆる「国際税務」というものについて考えてみましょう。国際税務と聞くと，「移転価格税制」，「タックス・ヘイブン対策税制」，「外国税額控除制度」，「外国子会社配当益金不算入制度」といった複雑そうな税制が思い浮かぶかもしれません。

　確かに各税制の内容は複雑ですが，**「どのような局面で適用される税制なのか」** を理解しておくことがまずは重要です。このような観点から，各税制の大まかな内容（メッセージ）を以下に示しています。

	国際税務の主要な制度	基本的メッセージ	二重課税との関係
(1)	移転価格税制	「海外子会社と取引するなら，ちゃんと日本にも応分の利益を落とすように」	二重課税を発生させる制度
(2)	タックス・ヘイブン対策税制	「低税率国の海外子会社でお金を稼いでも，ちゃんと日本で課税しますよ」	
(3)	過少資本税制（及び過大支払利子税制）	「利息が損金算入されるからといって，海外のグループ会社などからの借入れを増やしすぎないようにしてください」	
(4)	外国税額控除制度	「海外で支払った税金は，日本でも税金を支払っているなら，そこから差し引いてよいですよ」	発生した二重課税を緩和または排除する制度
(5)	相互協議	「日本と海外で二重課税になったら，当局間で話し合って，何とかそれを解消しましょう」	
(6)	外国子会社配当益金不算入制度	「海外子会社は海外で課税されていることだし，そこからの配当は日本ではあまり課税しませんよ」	二重課税が発生しないようにする制度

二重課税問題との関係で整理しよう！

　これらの税制は，先ほど見た「二重課税」という国際税務の根本的な問題を切り口として分類できます。

　まず，上記のうち，(1)移転価格税制，(2)タックス・ヘイブン対策税制，(3)過少資本税制（及び過大支払利子税制）は「二重課税を発生させる制度」といえます。つまり，何とか適用を回避しなければなりません。

　これに対して，(4)外国税額控除制度は二重課税が発生した後に「発生した二重課税を緩和または排除する制度」です。つまり，二重課税の発生リスクがある場合，事前に外国税額控除の適用可能性を検討しておく必要があります。また，より大がかりになりますが，特に移転価格課税により二重課税が発生した場合には，同じく(5)相互協議も二重課税の解消手段になります。

　最後に，(6)外国子会社配当益金不算入制度は，「そもそも二重課税が発生しないようにする制度」といえます。外国子会社からの配当は税引後利益（つまり現地での納税後の利益）から支払われているため，日本ではほとんど課税しないということです。

　すなわち，二重課税が発生した場合に日本側の税金を減額する外国税額控除制度に対して，外国子会社配当益金不算入制度は，そもそも日本側で課税せず，二重課税を発生させない制度と整理できます（このような二重課税の排除方式は，「外国税額控除方式」に対して，「国外所得免除方式」と呼ばれます）。

豆知識

BEPSとは

　「二重課税」の問題が生じるのは，単純にいうと，日本の税法と海外の税法が別々に存在するからです。このように国ごとに税法が存在するということは，やり方によっては「二重非課税」の状況も作り出せるということで，これがBEPSの考え方につながります。

　BEPSとは「Base Erosion and Profit Shifting」の略語であり，日本語では「税源浸食と利益移転」と訳されます。単純にいうと，グローバル企業が各国の税制の隙間などを利用して税負担を軽減している状況を指す言葉であり，アップルをはじめ，グーグルやスターバックスなど，米国企業の例が有名です。

　日本も加盟しているOECD（経済協力開発機構）では，このBEPSに対応するための行動計画を取りまとめ，その内容が移転価格税制やタックス・ヘイブン対策税制といった分野で，日本の税制改正にも反映されています。

　逆にいうと，今後の日本の税制改正の方向性を予測するためにも，OECDにおける議論には着目しておく必要があるということです。

法人税以外の税金も検討しよう！

　ここまでは主に法人税の話ですが，「国際税務」といった場合，消費税や所得税（特に源泉所得税）の観点も必要になってきます。

　消費税については，そもそも消費税が課される取引なのかの判断や，輸出免税の適用可否などが検討の中心になります。

　一方，所得税については，海外勤務者の取扱いのほか，源泉所得税の観点からは，海外への支払いの際に源泉徴収の要否の判断が必要になります。

第 **II** 部

パターン別
国際税務のポイント〔50ケース〕

パターン　A

こういうケースはどうなりますか？ ——普通に海外事業を行う

　広く「海外で事業を行う」といっても，単純に製品を輸出しているケースから，海外に多数の子会社を有している場合まで様々です。一般に，国際税務の観点から問題が起きやすいのは，海外に何らかの拠点（特に海外子会社）を持った後といえます。しかしながら，海外との製品の輸出入取引やその他の入出金取引についても，知っておくべきことは多くあります。

　ここでは，海外との輸出入取引に始まり，海外への本格的な進出から撤退に至るまでの国際税務のポイントを段階別にまとめています。

1 海外に製品を輸出する

Point
- 輸出売上については，国内売上よりも売上の計上タイミングが遅くなる。
- 輸出売上については，消費税が課されない（輸出免税）。

　海外に拠点を持たず，ただ製品を輸出しているだけであれば，国際税務の観点からは，それほど考えるべきことは多くありません。

　輸出売上も国内売上と同様，そこから生じた利益（所得）に対して，日本で法人税等が課税されますが，基本的に海外で課税されることはないためです。つまり，国際税務の基本的問題である「二重課税」を心配しなくてもよいといえます。

輸出売上はいつ計上すればよい？

　輸出売上の場合，売上の計上タイミングについて疑問が生じやすいと思われます。輸出の流れを大まかにいうと，以下のとおりです。

---

(1)　製品を工場や倉庫から出荷する
⇩
(2)　製品を**通関**（Keyword参照）させる
⇩
(3)　製品を船積みする
⇩
(4)　製品を海外の得意先に引き渡す

通　関

　通関とは，貿易において貨物を輸出（または輸入）しようとする者が，貨物の品名，数量，価格等を申告し，税関から輸出（または輸入）の許可を受ける手続きをいいます。この許可を受けて初めて，輸出の場合は船積みができます（輸入の場合は貨物を国内に引き取ることができます）。

　会計上，収益に関する会計処理については，「収益認識に関する会計基準」（以下「収益認識会計基準」といいます）が2021年4月1日以後開始事業年度から強制適用されます。税務上も，これに合わせて2018年度税制改正が行われています。

　国内売上の場合，従来から多くの企業が(1)の出荷時点で売上を計上しており，収益認識会計基準の適用によっても，この実務に変更はないと考えられます（出荷時から製品の支配が顧客に移転される時までの期間が通常の期間である前提）。

　一方，輸出売上の場合，貿易条件にもよりますが，FOBやCIFといった貿易条件では，いずれも本船への引渡し時点でリスクが移転するため，従来から(3)の船積時点，具体的には，船荷証券（B/L）発行日で売上計上するのが一般的だったと思われます。収益認識会計基準の適用によっても，輸出売上の計上に関する考え方に大きな変更はないものと考えられます。

　この点，2018年度税制改正後の法人税基本通達においては，棚卸資産の引渡しの日（＝益金算入タイミング）として，「船積みをした日」が新たに追加されています。

　したがって，輸出売上については，売上を計上して納税を行うタイミングが，国内売上よりも少し遅くなります（図表Ⅱ－1－1参照）。

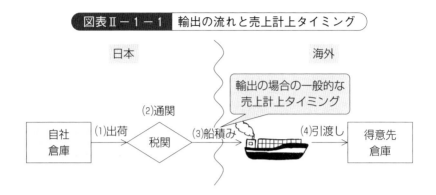

図表II-1-1　輸出の流れと売上計上タイミング

　なお，税務上，「いつ売上を計上するか」という問題は，「いつ税金を支払うか」という問題です。つまり，今年納税するか，来年納税するかだけの違いです。海外に拠点を持っていると，「将来的に取り返せない税金の発生」という問題が起こりがちですが，それに比べると，重要性は低いと考えられます。

輸出売上に消費税はかかる？

　輸出売上については，もう1つ，消費税法上の「輸出免税」というポイントだけ理解しておけば十分です。これは，国内売上の場合，消費税（及び地方消費税）が課税され，得意先には消費税分も併せて請求する必要がありますが，**輸出売上については，消費税が免税になる**ということです。したがって，輸出売上については，得意先に消費税を請求する必要はありません。

2 海外から製品を輸入する

- 輸入仕入については，国内仕入よりも仕入の計上タイミングが早くなる。
- 輸入仕入については，輸入消費税が課される。

　輸出をすると，売上が計上され，法人税等の負担が発生しますが，製品を輸入しただけでは，税負担は発生しません。一般に，利益（所得）が発生するのは，モノを買ったときではなく，モノを売ったときです。つまり，製品取引について，税負担が発生するのは，輸入した製品を実際に（国内で）販売したタイミングです。その意味で，売上の計上タイミングに比べて，仕入（輸入）の計上タイミングの重要性はさらに低いといえます。

輸入仕入はいつ計上すればよい？

　輸入の流れを大まかにいうと，以下のようになります。

---

　(1)　仕入先が製品を工場や倉庫から出荷する
　　　　　⇩
　(2)　仕入先が（輸出通関手続き後）製品を船積みする
　　　　　⇩
　(3)　製品を輸入通関させる
　　　　　⇩
　(4)　製品を検収する

　国内仕入の場合，多くの企業が(4)の検収時点で仕入を計上します。一方，輸入仕入の場合，貿易条件にもよりますが，(2)の（仕入先による）船積み時点が一般的と思われます。したがって，仕入を計上するタイミングが国内仕入より少し早くなります（図表Ⅱ－2－1参照）。

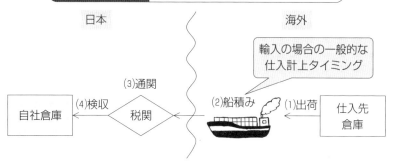

図表Ⅱ－2－1　輸入の流れと仕入計上タイミング

輸入仕入に消費税はかかる？

　輸出売上については消費税が免税になりますが，輸入仕入は消費税の課税対象となり，輸入消費税が課されます。

　消費税の税率自体は国内取引と同様ですが，輸入消費税の場合，税率を乗じる対象，つまり課税標準に特徴があります。具体的には，輸入に伴って発生する**関税**（Keyword参照）が課税標準に含まれ，以下のとおりとなります。

> 輸入消費税の課税標準＝関税課税価格＋関税（＋酒税等の個別消費税）

Keyword

　関　税

　関税とは，国内産業の保護などを目的として，輸入品に課される税金をいいます。関税については，国内法（関税定率法など）または協定において品目ごとの関税率が定められており，課税標準（関税課税価格など）に対応する関税率を乗じて計算されます。

　ここで，関税課税価格とは，運賃・保険料込みの価格をいいます。

　ややこしいのは，**関税課税価格にまず関税がかかり**，その関税も含めた**金額を課税標準として輸入消費税が課される**という構造です。

③ 海外に何らかの支払いをする

 Point
- 海外企業に対して支払いを行う場合には，源泉徴収の要否の判断が必要。
- 源泉徴収の要否の判断にあたっては，日本の税法と租税条約の両方を検討する必要がある。

　海外と取引をしていると，製品の輸入代金や特許に係る使用料（ロイヤルティ）など，海外に対して様々な支払いを行う局面が出てきます。**海外に対して，何らかの支払いを行う場合，最も重要なのが「源泉徴収が必要かどうか」という判断**です。

源泉徴収とは？

　源泉徴収というのは，海外企業に対する支払いにあたって，その一部を日本企業が留保し，それを税務署に納付することをいいます。

　つまり，いま源泉税率を20％とすると，海外企業から100の請求書が来たときに，日本企業はその全額を支払うのではなく，20を源泉徴収して，海外企業には80だけを支払うことになります。この20は後に税務署に納付する必要があります（図表Ⅱ−3−1左参照）。

源泉所得税は誰の負担？

　ここで重要なのは，**20の源泉所得税は（日本企業ではなく）海外企業が負担している**ということです。日本企業から見れば，20を税務署に納付するので，何となく自社に税負担があるように思えますが，実際には（100の請求書に対して）合計で100しか支払っていません。そのうち，20の支払先が海外企業ではなく，税務署だっただけです。

　一方，海外企業から見れば，100の請求書に対して，80の入金しかあり

ません。差額の20は（日本企業を経由して，日本の）税務署に納付されていることから考えても，この20は海外企業にとっての税負担であることがわかります。

　つまり，**源泉徴収は，海外企業が負担すべき税金を日本企業が代理納付する仕組み**といえます。図表Ⅱ－3－1右のように，「日本企業が源泉徴収をせず，100の支払いを行い，海外企業が自ら20の納税を行った場合」と「日本企業が20の源泉徴収を行った場合」で，結果としてのネットの資金の流れは同じになります。

　もちろん，税務署にとっては，日本企業に源泉徴収させたほうが徴税が容易という側面があり，これが源泉徴収制度の存在意義の1つといえます。

図表Ⅱ－3－1　源泉徴収の仕組み──誰が源泉税を負担しているか

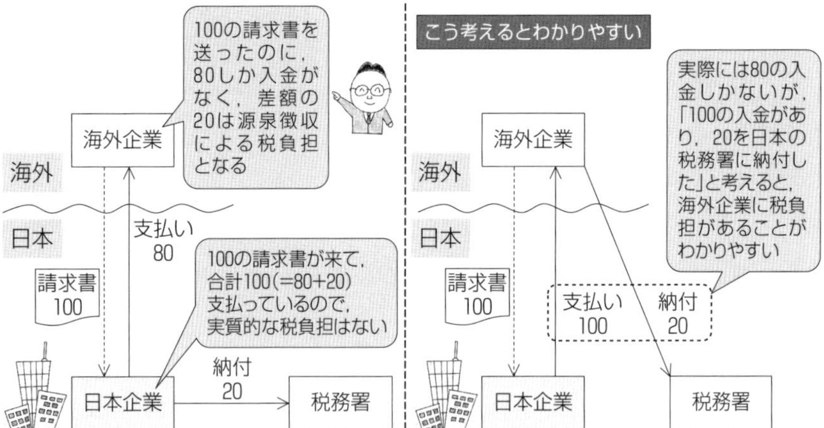

源泉徴収の要否を判断してみよう！

　では，海外企業への支払いについて，「源泉徴収が必要かどうか」はどう判断すればよいのでしょうか。具体的には，以下の手順で判断します。

> (1)　支払いの内容は？
>
> ⬇
>
> (2)　日本の税法上，源泉徴収が必要か？
>
> ⬇
>
> (3)　租税条約を考慮しても，結論は変わらないか？

⑴　支払いの内容は？

　まず，海外企業への支払いの内容を確認する必要があります。詳細な分類を無視すれば，大きく分けて，①商品の輸入代金，②特許などの使用料，③役務提供の対価，④配当，⑤借入金の利子などがよく登場する項目と思われます。

⑵　日本の税法上，源泉徴収が必要か？

　次に，⑴の分類をもとに，日本の税法に基づいて源泉徴収の要否を判断します。すでに見たとおり，源泉徴収により税金を負担するのは海外企業です。したがって，この場合，基本的に「海外企業が日本で何らかの所得を得ているか」を考えます。この日本で稼得する所得を「国内源泉所得」と呼びますが，**海外企業が（日本の）国内源泉所得を得ていれば，源泉徴収が必要**という整理になります。

　具体的な判定方法は支払いの内容ごとに決まっており，例えば，②使用料（ロイヤルティ）については，対象となる特許権を日本国内で使用している場合，源泉徴収が必要という判断になります（この考え方は，国内業務に係る使用料が国内源泉所得になるという意味で，「使用地主義」と呼ばれます。図表Ⅱ-3-2参照）。

　源泉徴収が必要ということになれば，次に何％の税率で源泉徴収するかを考える必要があります。これも所得の種類によりますが，一般に，日本

の税法では20%（復興特別所得税も含めると20.42%）となる場合が多いです。

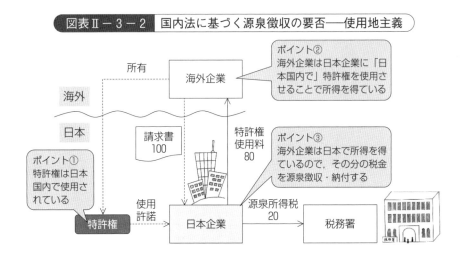

図表Ⅱ－3－2　国内法に基づく源泉徴収の要否──使用地主義

ポイント②
海外企業は日本企業に「日本国内で」特許権を使用させることで所得を得ている

所有

海外企業

海外
日本

請求書
100

特許権
使用料
80

ポイント③
海外企業は日本で所得を得ているので，その分の税金を源泉徴収・納付する

ポイント①
特許権は日本国内で使用されている

特許権

使用
許諾

日本企業

源泉所得税
20

税務署

(3)　租税条約を考慮しても，結論は変わらないか？

　最後に租税条約を検討することになります。租税条約の概要は第Ⅰ部2のとおりですが，租税条約の検討にあたって，源泉徴収の関係で注意を要するのは，（A）所得の源泉地に係る規定及び（B）限度税率（源泉税の減免）に係る規定です。

　まず，**（A）所得の源泉地については，租税条約により所得の源泉地（国内か国外か）が置き換えられている**場合があります。

　例えば，前述のとおり，使用料（ロイヤルティ）について，日本の国内法においては，「使用地主義」が採用されていますが，日本が締結する租税条約の多くでは，**使用料の源泉は支払者の所在地国にあるという「債務者主義」**が採用されています。この考え方によると，支払者が日本企業の場合，その使用料は国内源泉所得となります（図表Ⅱ－3－3参照）。

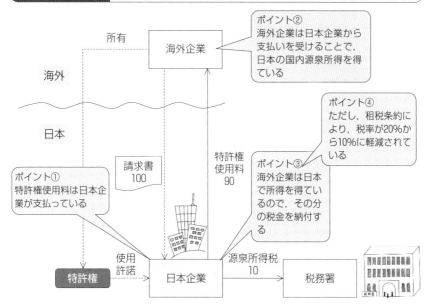

図表Ⅱ－3－3 | 租税条約考慮後の源泉徴収の要否——債務者主義＋軽減税率の適用

　租税条約が国内法と異なる所得の源泉地を規定している場合，租税条約により所得の源泉地が置き換えられますが，日本企業がその特許権を日本国内で使用している場合には，使用地も支払者の所在地も日本になるため，使用地主義，債務者主義のいずれによっても国内源泉所得となり，源泉徴収が必要という結論は変わりません。

　ただし，日本の税法では「源泉徴収が不要」という結論になったものが，租税条約による所得の源泉地の置き換えが生じることにより，「源泉徴収が必要」となるケースが稀にあるので，その意味でも租税条約の存在には注意を払う必要があります。

　次に，**(B) 租税条約により源泉税が減免される**ことがあり，具体的には，源泉税率については，以下の手順で考えていきます。

---

①　日本の税法（所得税法）における源泉税率
　　　　　⇩
②　租税条約における限度税率
　　　　　⇩
③　最終的な源泉税率（①・②のうちいずれか低いほう）

　例えば，シンガポール企業に支払う使用料（ロイヤルティ）の源泉税率を考えると，①日本の税法では20％（復興特別所得税も含めると20.42％）の税率で源泉徴収する必要がありますが，②シンガポールとの間の租税条約（一般に「日星租税条約」と呼ばれます）では，限度税率は10％とされています。

　このため，税務署に「租税条約に関する届出書」などを提出することにより，③結果としての源泉税率は10％となります。このように，租税条約の存在によって源泉税率が変わることがあるので，この点にも注意が必要です（図表Ⅱ－3－4参照）。

図表Ⅱ－3－4　租税条約による源泉税の減免

ケース	①国内法における源泉税率	②租税条約による限度税率	③最終的な源泉税率
1	課税	規定なし	課税
2	課税 (20%)	減免 (10%)	減免 (10%)
3	非課税	課税できる	非課税

上記の数値例はこのケース

　なお，租税条約は国内法（日本の所得税法など）に優先して適用されますが，租税条約により，源泉税率が引き下げられることはあっても，引き上げられることはありません。これは，租税条約の一般原則として，「**租税条約により国内法上の減免措置は損なわれない**」という**プリザベーションの原則**というものがあるためです。

　なお，国内法と同様，租税条約も改正されることがあるため，常に最新の租税条約を確認する必要があります。

豆知識

MLI

　租税条約の関係で最近よく見かける用語にMLIがあります。これは正式名称ではないのですが，「BEPS防止措置実施条約」を意味し，Multilateral Instrumentの略です。

　このMLIは，OECDのBEPSプロジェクト（第Ⅰ部4参照）において策定されたBEPS防止措置を，既存の租税条約に効率的に取り込むことを目的とした多国間の条約です。租税条約は通常は2国間のものであり，数も多いので，それを1つずつ改正するのは現実的ではありません。そこで，MLIにより，既存の条約を同一の内容で一斉に上書きして，BEPS対応の効率化を図っているわけです。

　実務上は，租税条約の内容を検討する場合，相手国がMLIに参加していれば，租税条約の内容がMLIにより書き換えられている可能性があるので，租税条約だけでなく，MLIもセットで見る必要があります。

　なお，財務省のウェブサイトには，対象となる租税条約の規定にMLIの規定を反映した「統合条文」が順次公表されています（つまり，各租税条約＋MLI＝統合条文）。この統合条文は，便宜的に作成されたものであり，法的効力を有しないものとされていますが，通常の租税条約を読むのと同じ感覚で読むことができるので，非常に便利なものです。

　なお，誤解を恐れずにいうと，①商品の輸入代金については，基本的に源泉徴収は不要です。また，③役務提供の対価については，日本の税法では源泉徴収が必要なケースもありますが，租税条約により源泉徴収が不要になる場合が多いです。④配当や⑤借入金の利子については，租税条約の内容によって判断が変わってきます。

4 海外から何らかの入金がある

- 海外企業から入金を受ける場合には，海外での源泉徴収の有無の確認が必要。
- 海外で源泉徴収されている場合には，外国税額控除の適用を検討する必要がある。

海外と取引をしていると，製品の輸出代金の回収や特許の使用料（ロイヤルティ）の受取りなど，海外から入金を受ける局面も出てきます。

海外から何らかの入金がある場合，まずは「何か差し引かれていないか」を確認する必要があります。

これは，日本企業が海外に支払いを行う際に源泉徴収が求められる場合があるのと同様，海外企業から支払いを受ける際にも，現地で源泉徴収が行われている場合があるからです。

具体的には，自社が発行した請求書と実際の入金額を比較し，源泉徴収の有無を確認します。

海外における源泉徴収とは？

ここでは，海外企業とライセンス契約を締結し，それに基づいてライセンス・フィー（ロイヤルティ）を受け取るケースを考えてみます。

ロイヤルティの回収にあたっては，一般的に現地で源泉税が徴収されます。この場合も租税条約により源泉税率が軽減されることが多いのですが（3参照），いま，結果としての源泉税率が10％とすると，100のロイヤルティ請求に対して，10が源泉徴収され，実際の入金額は90となります（図表Ⅱ-4-1参照）。

この海外における源泉税の負担者は，100の請求に対して，90しか入金を受けられなかった日本企業です。

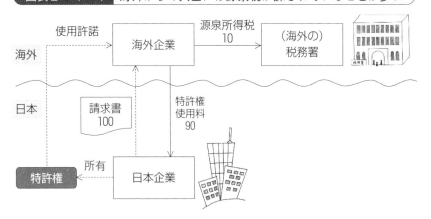

図表Ⅱ－4－1　海外からの入金には源泉税が課されていることが多い

海外における源泉徴収の税率は正しい？

　海外における源泉徴収の税率については，支払い側である海外企業におい
て検討されるべきもので，受取り側の日本企業には関係のない話ともいえま
す。しかしながら，海外企業が誤った税率で源泉徴収してくるケースは非常
に多くあります。特に多いのが，日本との租税条約をチェックせず，現地の
税法のみを見て，租税条約上の限度税率を超えて源泉徴収してくるケースで
す。この場合，源泉税を負担する日本企業が損をすることになるので，源泉
税率は事前に確認しておいたほうが安全です。

二重課税が発生しているのでは？

　受取ロイヤルティは，海外からの受取りであっても特別な取扱いはなく，
国内からの受取りの場合と同様，日本で課税されます。したがって，日本
の実効税率を30％とすると，30の納税が必要になります。

　まとめると，**100の受取ロイヤルティに対して，海外で10，日本で30の
課税が行われ，二重課税が発生している**ことになります（図表Ⅱ－4－2
参照。

図表Ⅱ－4－2　海外からの入金に対する二重課税の発生

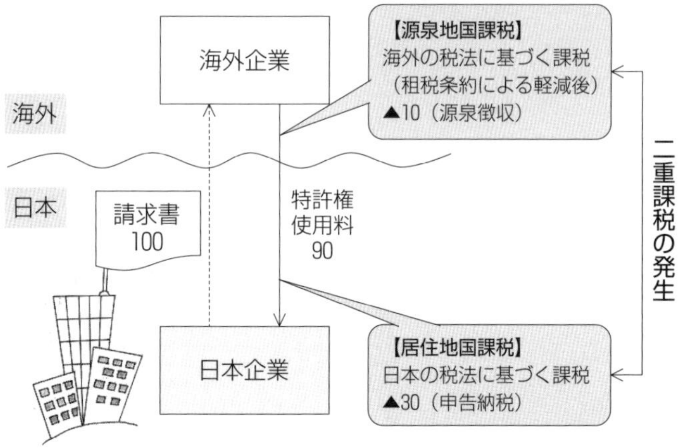

　なお，所得が発生した海外での課税10を**「源泉地国課税」**，日本企業の
居住地国である日本での課税30を**「居住地国課税」**と呼びます）。

外国税額控除で二重課税解消！

　この二重課税は，「外国税額控除」という仕組みで緩和（排除）されま
す（ただし，外国税額控除に代えて，源泉税を損金算入することも可能で
す）。

ここはガマン！
制度の概要　外国税額控除制度

外国税額控除とは？

　外国税額控除の基本的なメッセージは，**「海外で支払った税金は，日本でも**
税金を支払っているなら，そこから差し引いてよいですよ」ということです。
　すなわち，外国税額控除とは，国際的な二重課税を排除するために，海外で
納付した（または源泉徴収された）外国法人税を，一定の条件のもと日本の法

人税等から差し引く制度です。

　誤解を恐れずにいうと，海外で納付した税金について，まるで日本の税金の前払いであるかのように取り扱い，（所得に税率を乗じて計算された）日本の税金から差し引くことになります。

外国税額控除はなぜ認められる？

　日本の法人税等は全世界所得について課税されるため（居住地国課税），海外からのロイヤルティのような国外源泉所得が海外で課税された場合には（源泉地国課税），その部分について二重課税が発生します（図表II－4－3参照）。

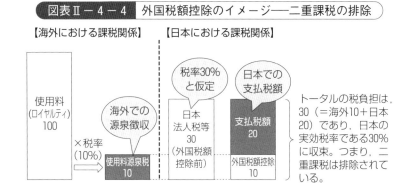

　そこで，外国税額控除という形で，海外で納付した税金を日本の法人税等から差し引けることとしています。上記の例でいうと，受取ロイヤルティ100について，海外での納税10に外国税額控除を適用し，日本での課税30から差し引くことで，最終的な日本における納税は20となります（図表II－4－4参照）。

「控除対象」外国法人税とは？

　上記の例では，海外の源泉税10を，何も考えずにそのまま外国税額控除の対象にしました。しかしながら，**実際の外国税額控除の適用にあたっては，「控除対象外国法人税額」というものを計算する必要があります。**

　これは，外国法人税のすべてに外国税額控除が認められるわけではなく，控除の対象になる部分を計算しなければならない規定になっているからです。

　例えば，海外で源泉徴収されたとき，その源泉税率があまりにも高いと，外国税額控除の対象にならない場合があります（源泉税率が35％を超える部分など）。また，身近なものとしては，外国子会社からの配当に係る源泉税についても，外国税額控除の対象になりません（21参照）。

　このように，「控除対象」外国法人税として，外国税額控除の対象になる部分を選別していく作業が必要になります。

外国税額控除はどこまで引ける？

　もう１つ，海外の源泉税が控除対象外国法人税に該当するとしても，外国税額控除が無制限に認められるわけではありません。**外国税額控除には控除限度額というものがある**からです。

　この控除限度額は，単純化すると以下の算式で計算されます。

$$控除限度額＝（法人税＋住民税＋地方法人税）×\frac{国外所得}{課税所得（全世界所得）}$$

　この式は，概念的には「日本での納税額のうち国外源泉所得（例えば，海外からのロイヤルティ）に対応する部分」を計算しています。つまり，前掲の図表Ⅱ－４－３で見た，二重課税が発生する部分ということです。

　控除対象外国法人税（上記の例では10）は，この控除限度額を限度として外国税額控除の対象となります。

外国税額控除で引ききれないときは？

　控除対象外国法人税が控除限度額を上回るときのその超過額，また逆に控除限度額を下回るときのその余裕額は，ともに将来3年にわたり繰越しが可能です（図表Ⅱ－4－5参照）。これは，控除限度額計算のベースとなる国外源泉所得の発生時期と，それに対して外国法人税が課される時期が必ずしも一致しないことへの配慮といえます。

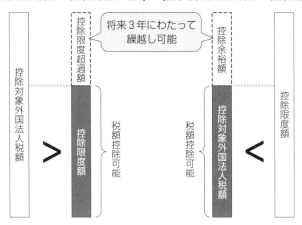

図表Ⅱ－4－5　控除限度超過額と控除余裕額は3年繰越が可能

【控除対象外国法人税額 > 控除限度額の場合】　【控除対象外国法人税額 < 控除限度額の場合】

5 外貨建てで取引する

 ・外貨建取引はその時点の社内レートで円換算してよい。
・売掛金や買掛金などは一般に決算日に換算替えされる。

　海外企業との取引は外貨建てで行うことがあり，このような場合，日本の法人税等の所得計算にあたって，外貨建ての収益や費用を円換算する必要が出てきます。

外貨建取引はどのように円換算すればよい？

　外貨建取引の円換算は何ら複雑なものではなく，**通常は週単位または月単位で設定している社内レートで換算する**だけです。

　法人税法上は，外貨建取引を行った場合の円換算額は，その時点の為替レートにより換算した金額となり，為替レートは基本的にTTM（電信買相場と電信売相場の仲値）を使用することとされています。

　しかしながら，継続適用を条件として，

　(1)　前月末や前週末等の一定時点の為替レート

　(2)　前月や前週の為替レートの平均値

を使用することも許容されており，実務上はこの(1)または(2)に従って社内レートを設定し，それを用いて円換算している場合が多いと考えられます。

売掛金・買掛金などはどのように円換算すればよい？

　次に，外貨建ての取引を行い，それを回収または決済する前に決算日を迎えた場合の取扱いです。決算日の段階で，輸出売上に伴う外貨建売掛金や輸入仕入に伴う外貨建買掛金が残っている場合がこれにあたります。

　前提として，これらの売掛金や買掛金は，基本的に取引日時点でいったん円換算されています。問題は，これを決算日時点の為替レートに置き換える必要があるかどうかです。

　この点について，法人税法上，決算日時点の外貨建資産及び負債は，図表Ⅱ－5－1のように換算されます。

| 図表Ⅱ－5－1 | 外貨建資産及び負債の換算方法 |

外貨建資産及び負債の区分			換算方法
外貨建債権債務（外貨預金を含む）	短期外貨建債権債務	売掛金 買掛金	発生時換算法 or 期末時換算法
	長期外貨建債権債務		発生時換算法 or 期末時換算法
外貨建有価証券	売買目的有価証券		期末時換算法
	売買目的外有価証券	償還期限及び償還金額の定めのあるもの	発生時換算法 or 期末時換算法
		上記以外のもの	発生時換算法
外国通貨			期末時換算法

　法定換算方法（企業が換算方法を選定しない場合の換算方法）。
　法定換算方法によらない場合には，外国通貨の種類ごと，また外貨建資産等の区分ごとに，その換算方法を選定のうえ届け出ることが必要。

　外貨建ての売掛金や買掛金については，図表Ⅱ－5－1では「短期外貨建債権債務」に該当するため，**特段届出をしていなければ，法定換算方法である「期末時換算法」**によることになります。つまり，決算日の為替レートで換算替えするということです。そして，この場合の為替換算差額（いわゆる為替差損益）については，その事業年度の損金または益金に算入されます（図表Ⅱ－5－2参照）。

| 図表Ⅱ－5－2 | 売掛金の期末換算のイメージ |

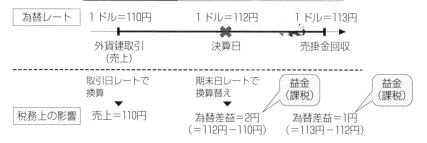

6 為替リスクをヘッジする

　•為替予約にヘッジ会計を適用しない場合，決算日時点で，為替
予約の時価評価が必要。
　•為替予約にヘッジ会計を適用する場合，予約レートで売上や仕
入を計上することが多い。

　海外の得意先や仕入先と外貨建てで取引を行っている場合，その取引に
より発生する債権・債務に為替予約を付すことがあります。この場合の為
替予約はどのように処理すればよいのでしょうか。

　実は，ヘッジ会計を適用するかどうかにより，税務上の取扱いが変わっ
てきます。

ヘッジ会計を適用しない場合はどうなる？

　まず，ヘッジ会計を適用しない場合，為替予約時点では何の処理も必要
ありません。一方，決算日時点では為替予約を時価評価し，その評価差額
を損金または益金に算入する必要があります（図表Ⅱ-6-1参照）。こ
の場合，為替予約契約を締結している相手先である銀行から時価評価資料
を取り寄せ，それに従って評価損益を算定することが一般的です。

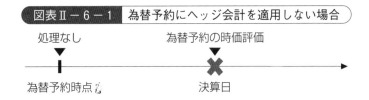

図表Ⅱ-6-1　為替予約にヘッジ会計を適用しない場合

処理なし　　　　　　　　　　為替予約の時価評価

為替予約時点　　　　　　　　決算日

　ちなみに，為替予約に対応する売掛金（や買掛金）は，特段の届出をし
ていなければ，決算日の為替レートで換算替えされます（⑤参照）。つま
り，意図としてはヘッジ取引であっても，税務上はヘッジ関係がないので，
為替予約と売掛金（や買掛金）は別々に処理されるということです。

ヘッジ会計を適用する場合はどうなる？

　次に，為替予約について，外貨建資産・負債の為替変動リスクをヘッジするものとして，ヘッジ会計を適用する場合，一般的には**振当処理**（Keyword参照）によっていることが多いと思われます。

> ### Keyword
>
> **振当処理**
>
> 　振当処理とは，為替予約等により，外貨建資産・負債の円換算額を確定させた場合で，一定の要件を満たしたときに，その外貨建資産・負債の円換算額をその確定させた円換算額とする処理をいいます。

　振当処理によると，**売上や仕入といった外貨建取引の発生前に為替予約を行っている場合，その予約レートで売上や仕入を換算する**ことが多いです。

　この場合，実際の売掛金の回収時や買掛金の決済時には，その金額（円建て）で入金または出金があるため，予約レートで円換算した売掛金や買掛金が回収または決済されるだけになります。

　振当処理の会計仕訳を単純化して示すと図表Ⅱ－6－2のとおりです。為替予約の予約レート（108円／米ドル）で外貨建売上を換算し，米ドル入金時には為替予約を当てて，円建てで同金額（108円）を回収するのみであり，非常にシンプルな処理になります。

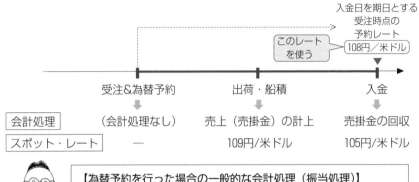

図表Ⅱ－6－2　為替予約にヘッジ会計を適用する場合──振当処理のイメージ

入金日を期日とする
受注時点の
予約レート
108円／米ドル

このレート
を使う

受注&為替予約　　　　出荷・船積　　　　　　　入金

会計処理　　（会計処理なし）　　売上（売掛金）の計上　　売掛金の回収

スポット・レート　　　―　　　　　　109円/米ドル　　　　105円/米ドル

【為替予約を行った場合の一般的な会計処理（振当処理）】
①予約時　　　　（仕訳なし）
②売上計上時　　（借）売　掛　金　108　（貸）売　上　高　108
③入金時　　　　（借）現金及び預金　108　（貸）売　掛　金　108

　詳細は割愛しますが，税務上も同様の処理を行うことは可能と考えられます。

7 海外に駐在員事務所を設置する

Point
- 海外駐在員事務所は日本企業の一部であり，日本の法人税等の所得計算上，駐在員事務所で発生した費用は，日本本社の費用に合算される。
- 海外駐在員事務所の場合，一般に現地での申告・納税は必要とされない。

駐在員事務所とは？

海外駐在員事務所は，日本企業の一部として，海外での市場調査等，今後の本格的な進出に必要となる情報収集などを行うための拠点であり，海外支店や子会社よりも「軽い」拠点といえます。

駐在員事務所の位置付けは？

駐在員事務所はまず，支店と同じく**日本企業の一部**であるという認識が重要です。つまり，子会社のように独立した法人格は持たず，あくまでも日本企業の出先機関という位置付けです（図表Ⅱ－7－1参照）。ただし，駐在員事務所は情報収集等のための拠点であり，実際に営業活動を行う支店とは異なります。

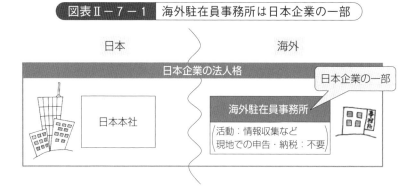

図表Ⅱ－7－1　海外駐在員事務所は日本企業の一部

駐在員事務所で発生した費用はどうなる？

　駐在員事務所は，営業活動を行わないので，基本的に収益は発生しませんが，場所があり，人もいるので，賃借料や人件費などの費用は発生します。駐在員事務所は日本企業の一部なので，税務上，このような費用は**そのまま日本本社の費用に合算**されます（図表Ⅱ－7－2参照）。つまり，日本本社の課税所得計算にあたって，日本本社の費用と同様，損金になるということです。

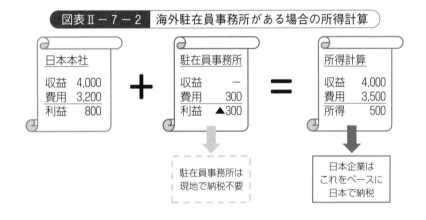

図表Ⅱ－7－2　海外駐在員事務所がある場合の所得計算

日本本社		駐在員事務所		所得計算	
収益	4,000	収益	－	収益	4,000
費用	3,200	費用	300	費用	3,500
利益	800	利益	▲300	所得	500

駐在員事務所は現地で納税不要

日本企業はこれをベースに日本で納税

　なお，駐在員事務所の（外貨建ての）費用は社内レート（前月末等の一定時点や前月等の平均レート）で円換算されるのが一般的ですが，外貨建取引を行ったときの為替レートで都度円換算していくことも可能です。

駐在員事務所は現地で納税が必要か？

　海外に駐在員事務所を有しているだけでは，**現地での申告・納税を要求されない**のが通常です。つまり，駐在員事務所は，支店のように現地で営業活動を行って課税所得を得る拠点ではないため，納税も必要ないというロジックです。

　ただし，これは海外の法人所得税の話であり，そこで勤務する日本本社派遣の従業員は，原則として現地で個人所得税を納税する必要があります。

8 海外に支店を設置する

- 海外支店は日本企業の一部であり，日本の法人税等の所得計算上，支店で発生した収益・費用は，日本本社の収益・費用に合算される。
- 海外支店の場合，一般に現地での申告・納税が必要とされる。

支店とは？

　駐在員事務所による情報収集も十分なレベルに達し，本格的に海外進出すると意思決定した際の選択肢として，支店形態による進出があります。海外支店は，駐在員事務所と同じく日本企業の一部ですが，駐在員事務所とは異なり，海外で本格的な営業活動を行うための拠点といえます。

支店の位置付けは？

　支店はまず，駐在員事務所と同じく，**日本企業の一部**であるという認識が重要です。つまり，支店は現地で実際に営業活動を行うものの，子会社のように独立した法人格は持たず，あくまでも日本企業の出先機関という位置付けになります（図表Ⅱ－8－1参照）。

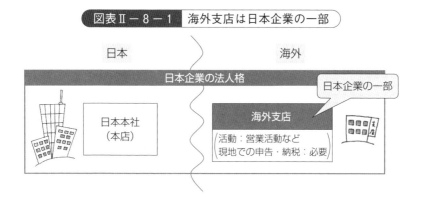

図表Ⅱ－8－1　海外支店は日本企業の一部

支店で発生した収益や費用はどうなる？

　支店は営業活動を行うので，費用だけでなく収益も発生します。駐在員事務所と同様，海外支店も日本企業の一部なので，海外支店で発生した収益・費用については，**そのまま日本本社の収益・費用に合算**されます（図表Ⅱ－8－2参照）。一言でいうと，海外支店の利益は日本企業の課税所得を構成し，法人税や住民税などが課税されることになります（ただし，事業税は課税されません）。

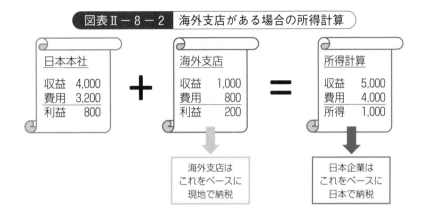

図表Ⅱ－8－2　海外支店がある場合の所得計算

日本本社	
収益	4,000
費用	3,200
利益	800

＋

海外支店	
収益	1,000
費用	800
利益	200

＝

所得計算	
収益	5,000
費用	4,000
所得	1,000

海外支店は
これをベースに
現地で納税

日本企業は
これをベースに
日本で納税

支店は現地で納税が必要か？

　海外支店は，駐在員事務所と異なり，進出先国で営業活動を行って利益を計上するので，現地の法人所得税が課税されます。つまり，**海外支店は現地で法人所得税の税務申告を行う必要がある**ということです。

　この点には少し違和感があるかもしれないので，念のために繰り返しますが，これは，日本企業が，日本での申告納税に加えて，支店を持つ海外でも申告納税を求められることを意味します。

外国税額控除で二重課税解消！

　このように海外支店の利益は，日本で課税されるだけでなく，現地においても課税され，「二重課税」が発生します。

　日本企業が二重課税を排除する方法は，基本的に外国税額控除です（④参照）。したがって，この海外支店についての二重課税も外国税額控除により排除することになります。つまり，海外支店で納付した外国法人税につき，日本の法人税等から控除するということです（計算のイメージは図表Ⅱ－8－3参照）。

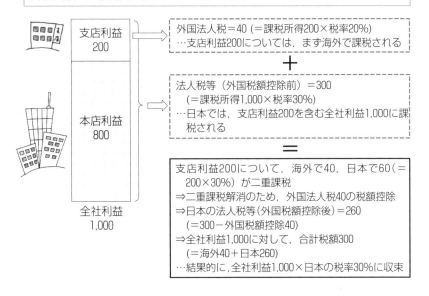

図表Ⅱ－8－3　海外支店に係る二重課税の発生と外国税額控除の適用

【前提条件】
全社の税引前利益1,000＝日本本店の税引前利益800＋海外支店の税引前利益200
日本の税率30%，海外の税率20%

支店利益200

外国法人税＝40（＝課税所得200×税率20%）
…支店利益200については，まず海外で課税される

＋

本店利益800

法人税等（外国税額控除前）＝300
　　（＝課税所得1,000×税率30%）
…日本では，支店利益200を含む全社利益1,000に課税される

＝

全社利益1,000

支店利益200について，海外で40，日本で60（＝200×30%）が二重課税
⇒二重課税解消のため，外国法人税40の税額控除
⇒日本の法人税等（外国税額控除後）＝260
　　（＝300－外国税額控除40）
⇒全社利益1,000に対して，合計税額300
　　（＝海外40＋日本260）
…結果的に，全社利益1,000×日本の税率30%に収束

　図表Ⅱ－8－3のように，外国税額控除が機能すれば二重課税は排除されますが，海外支店の所在地国の税率（20%）が低くても，全体として日本の高税率（30%）で課税される点は押さえておく必要があります。

　なお，2014年度税制改正により，外国税額控除の適用にあたって，海外支店の外部取引や内部取引に関する一定の文書化が必要になっており，実務上はこれが結構面倒な作業なので，その点にも注意が必要です。

9 海外に子会社を設立する

 Point
- 海外子会社は日本親会社から独立しており，日本の法人税等の所得計算上，子会社で発生した収益・費用は，日本親会社の収益・費用に合算されない。
- 海外子会社の場合，現地での申告・納税が必要とされる。

子会社とは？

　海外進出の最終形が子会社形態による進出です。段階的に海外進出を進めるケースもあれば，取引先との関係で，駐在員事務所形態や支店形態を経由せずに，いきなり海外に子会社を設立するケースもあります。

子会社の位置付けは？

　海外子会社は，駐在員事務所や支店と異なり，**日本企業とは別の法人格を持つ独立した事業体**という認識が重要です。つまり子会社は，現地で実際に営業活動を行う点で支店と共通しますが，日本企業の出先機関である支店とは異なり，現地で独立した法人格を持つ（つまり，海外企業）という位置付けになります（図表Ⅱ－9－1参照）。

図表Ⅱ－9－1	海外子会社は日本親会社から独立している

日本　　　　　　　　　　　　　海外

日本企業の法人格

日本親会社　　株式保有（別法人）→　海外子会社　　日本親会社からは独立

海外子会社株式

活動：営業活動など
現地での申告・納税：必要

子会社で発生した収益や費用はどうなる？

　子会社は事業活動を行うので，収益や費用が発生しますが，海外子会社は日本企業（日本親会社）から独立しているので，海外子会社で発生した収益・費用については，**日本親会社の収益・費用とは合算されません。**海外子会社として，自らの課税所得を計算し，現地で納税することになります（図表Ⅱ－9－2参照）。

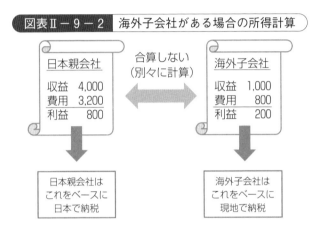

図表Ⅱ－9－2　海外子会社がある場合の所得計算

日本親会社	合算しない（別々に計算）	海外子会社
収益　4,000 費用　3,200 利益　　800		収益　1,000 費用　　800 利益　　200

日本親会社はこれをベースに日本で納税

海外子会社はこれをベースに現地で納税

日本親会社への影響は？

　海外子会社の設立による日本親会社への影響としては，外貨建ての出資を行い，結果として子会社株式を保有することになるという点のみです。

子会社は現地で納税が必要か？

　海外子会社は，支店と同様，基本的に進出先国で事業活動を行って利益を計上するので，現地の法人所得税が課税されます。つまり，**海外子会社は現地で法人所得税の税務申告を行う**ということです。

　ただし，支店の場合とは異なり，日本親会社は自らの利益（所得）について日本で納税を行い，海外子会社も独立して自らの利益について海外で納税を行うため，二重課税は発生しません（計算のイメージは図表Ⅱ－9－3参照）。

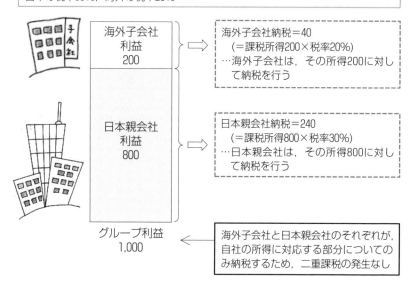

図表Ⅱ－9－3 海外子会社については二重課税は発生しない

【前提条件】
グループの税引前利益1,000＝日本親会社の税引前利益800＋海外子会社の税引前利
　益200
日本の税率30％，海外の税率20％

海外子会社
利益
200
→
海外子会社納税＝40
　（＝課税所得200×税率20％）
…海外子会社は，その所得200に対し
　て納税を行う

日本親会社
利益
800
→
日本親会社納税＝240
　（＝課税所得800×税率30％）
…日本親会社は，その所得800に対し
　て納税を行う

グループ利益
1,000
←
海外子会社と日本親会社のそれぞれが，
自社の所得に対応する部分についての
み納税するため，二重課税の発生なし

　海外支店の場合，全社の税引前利益1,000に対する合計の税負担は300で
したが（ 8 参照），海外子会社の場合，グループの税引前利益に対する合
計の税負担は280（＝日本親会社240＋海外子会社40）となっており，海外
子会社の20％という税率がそのまま生きる形になっています。

10 海外で会社を買収して子会社にする

・現地企業を買収する場合，税務リスクを含むリスクの洗い出し
が必要になり，通常はデュー・デリジェンスが行われる。

　子会社形態による進出には，現地に子会社を設立し，時間をかけて事業
を立ち上げる方法のほか，時間を節約するために，既存の現地企業を買収
して子会社化するという選択肢もあります。

日本親会社への影響は？

　買収による日本親会社への影響は，海外子会社の設立の場合と同様，子
会社株式の取得という形で表れてきます。税務上の子会社株式の取得価額
は，単純に外貨建ての買収価額を円換算したものですが，子会社株式の取
得に係る付随費用は，子会社株式の取得価額に含めなければならない点に
注意が必要です。

　なお，付随費用を損金として処理できるかどうかは，税務効率性の観点
から大きな影響があります。すなわち，付随費用を子会社株式の取得価額
に含めた場合，その子会社株式を売却する（または子会社を清算する）ま
で損金に算入できません。つまり，支出時点で損金算入するのに比べて，
損金算入タイミングがかなり遅くなり，半永久的に損金算入できない事態
もありえるということです。

子会社の設立と何が違う？

　現地の企業を買収する場合，海外子会社を自ら設立する場合との最も大
きな相違点は，完全なフレッシュ・スタートではないことです。つまり，
**買収時点で買収対象会社がすでに存在し，事業活動を営んでおり，過去の
債権債務関係を有している**点がポイントになります。

　そのため，現地企業の買収にあたっては，買収前にデュー・デリジェン

ス（Keyword参照）を通して，潜在的なものも含めて債務（租税債務や税務リスクを含む）の洗い出しを行うことが重要になります。

Keyword

デュー・デリジェンス

　デュー・デリジェンス（DD：Due Diligence）とは，買収の意思決定を行うに際して，買収対象会社の実態を把握し，リスクを洗い出すこと等を目的として実施する調査をいいます。

豆知識

税務デュー・デリジェンスって何？

　税務デュー・デリジェンス（以下「税務DD」）は，デュー・デリジェンスの一環として，租税債務を含む簿外負債の把握を行うものです。

　悲しいことに，税務DDの認知度はそれほど高くなく，「税務DDって，何をやるんですか？」と聞かれることがよくあります。

　大まかにいうと，税務DDで見るべきポイントは大きく３つ，すなわち，買収対象会社の⑴過去，⑵現在，⑶未来です。

　⑴過去というのは，買収対象会社が過去に受けた税務調査の情報です。税務調査で大きな問題点が見つかるような会社は，税務リスクが高いですよね。

　⑵現在というのは，買収対象会社が現在抱えている具体的な税務リスクです。この点は，税務申告書などを見たり，担当者にインタビューしたりして判断します。ちなみに，大きな税務リスクは，インタビューにより検出される場合が多いです。税務申告書に反映されていないリスクを見つける作業なので，税務申告書を見ていてもわからないということですね。

　⑶将来というのは，買収やその後の再編が，買収対象会社に与える影響です。例えば，「買収後も買収対象会社の繰越欠損金を使えるか」など，将来的に大きな影響のありそうなポイントを考えていくことになります。

　なお，海外における税務DDは，現地の税法に基づいて行うことになるので，基本的に現地の税務専門家が実施します。

11 海外子会社を持つ日本企業を買収する

- 日本企業の海外子会社が税務DDの対象に含まれる場合，海外企業の税務DDと同様の留意点がある。
- これに加えて，移転価格税制やタックス・ヘイブン対策税制など，日本の税法に基づく検討も必須になる。

　海外企業を買収する場合（10参照）と同様，日本企業を買収する場合にも，買収前にデュー・デリジェンス（DD）によりリスクの洗い出しを行いますが，買収対象である日本企業が海外子会社を保有しているときには，通常はその海外子会社もDDの対象に含めます。

現地税制上のリスクは？

　買収対象である日本企業の海外子会社は当然ながら「海外企業」なので，通常の海外企業に対する税務DDと同様の留意点があります。

　一例を挙げると，まずは現地の税制を理解し，調査の対象とする税目を決定する必要があります。法人所得税はほぼ調査対象に含めますが，買収対象会社の所在地国において重要な間接税（例えば，付加価値税。VAT：Value Added Tax）についても，通常は調査対象とします。また，個人所得税（personal income tax）についても，一定のスコープを前提として，調査対象に含める場合があります。さらに，日本ではあまりないケースですが，関税を税務DDの対象に含めることもあります。

　いずれにせよ，現地専門家のサポートを受け，現地の税法に基づく税務リスクを洗い出す必要があり，これは通常の海外企業に対する税務DDの場合と同様です。

日本の税制上のリスクは？

　一方で，その海外企業が「買収対象である日本企業の海外子会社」とい

う位置付けの場合，日本の税制についても特有の検討項目があります。つまり，海外子会社に係る現地の税務リスクに加えて，海外子会社を保有する日本企業（買収対象会社）に係る日本の税務リスクも考えなければならないということです。

　具体的には**移転価格税制**や**タックス・ヘイブン対策税制**などがこれに該当します（図表Ⅱ-11-1参照）。

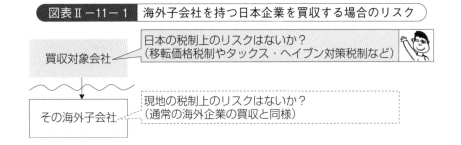

図表Ⅱ-11-1　海外子会社を持つ日本企業を買収する場合のリスク

買収対象会社

日本の税制上のリスクはないか？
（移転価格税制やタックス・ヘイブン対策税制など）

その海外子会社

現地の税制上のリスクはないか？
（通常の海外企業の買収と同様）

　それぞれの税制の内容は，12及びパターンC32をご参照頂ければと思いますが，タックス・ヘイブン対策税制を例にとると，海外子会社が現地の申告を適正に行っており，現地の専門家から見て何のリスクもない場合であっても，その海外子会社が低税率国にあり，日本の税制により求められる基準を充足できない場合には，海外子会社の所得が株主である日本企業（買収対象会社）の所得に合算される（つまり，日本で日本企業が課税される）リスクがあります。このリスクは，日本側で，日本側の専門家が検討すべきものです。

　これらの税制は国内で完結する買収には無縁の税制であるため，税務DDにあたって，十分にリスクが認識されていないケースが散見されます。日本企業を買収する場合で，その海外子会社も買収対象に含まれる場合には，日本側の税務も重要になるという点に注意が必要です。

豆 知 識

海外企業を買収すれば，自社が「海外子会社を持つ日本企業」の立場になる

　このケースは，海外子会社を持つ日本企業を買収するケースであり，買収対象となる日本企業に対する移転価格税制やタックス・ヘイブン対策税制の適用リスクに注意が必要という点をお伝えしました。

　一方，10は（日本企業ではなく）海外企業の買収のケースであるため，買収時点では，このような論点はありません。しかしながら，買収「後」のことを考えると，買収した海外企業は自社の海外子会社になります。つまり，今度は自社と買収した海外企業（新たな海外子会社）との関係で，自社に対する移転価格税制やタックス・ヘイブン対策税制の適用リスクを考えなければなりません。

　特に1社ではなく，企業群を買収した場合には，買収後に移転価格ポリシーのすり合わせが必要になったり，意図しない形でタックス・ヘイブン対策税制が適用されたりすることがあるので，このようなリスクも買収前に洗い出しておくことが重要になります。

12 海外子会社と製品取引を行う

- 海外子会社と製品取引を行う場合，移転価格税制への対応が重要になる。
- 移転価格税制は，日本親会社と海外子会社の取引について，取引価格を独立企業間価格に引き直すものであり，この独立企業間価格の算定方法として，6つの方法が規定されている。

　海外に子会社を設立した場合，それが製造子会社であれば，日本親会社は同子会社から製品を購入し，それが販売子会社であれば，日本親会社は同子会社に製品を販売することがあります。

移転価格税制に注意！

　ここで注意すべき税制が移転価格税制です。移転価格税制は，一般に追徴税額が多額に上るので，よく新聞報道でも取り上げられています。

ここはガマン！
制度の概要　移転価格税制

移転価格税制とは？

　移転価格税制の基本的なメッセージは，**「海外子会社と取引するなら，ちゃんと日本にも応分の利益を落とすように」**ということです。
　つまり，移転価格税制とは，日本企業とその**国外関連者**（Keyword参照）との取引の価格を，独立企業間価格（独立の第三者間で取引される際に成立するであろう価格水準）で計算し直して課税所得を計算するものであり，国外関連者との取引を通じた恣意的な所得移転を防止することを目的とした税制です。

国外関連者

　国外関連者とは，法人との間に発行済株式総数の50％以上の株式を直接または間接に保有する関係や実質的な支配関係（役員関係・取引依存関係・資金依存関係など）がある外国法人をいいます。一般に海外子会社と呼ばれる会社であれば，国外関連者に該当することがほとんどです。

　日本親会社が海外子会社と取引を行う場合，理論的には，日本親会社は取引価格を自由に決定することができます（実際に海外子会社の社長が素直に言うことを聞くかどうかは別問題）。このような状況では，海外子会社との取引価格を調整することにより，税率の低いほうや繰越欠損金のあるほうに自由に所得を移転させることが可能であり，これが「恣意的な所得移転」の意味合いといえます。

相手国の移転価格税制も考えないと…

　移転価格の問題を考えるときは，日本の移転価格税制のみならず，取引のある海外子会社の所在地国の移転価格税制も考慮に入れる必要があります。すなわち，移転価格の問題はつまるところ国家間の税金の取り合いであり，通常一国における課税上の問題にとどまりません（図表Ⅱ−12−1参照）。

図表Ⅱ−12−1　移転価格税制の視点——どちらかの税務当局は怒る

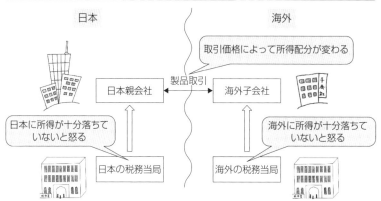

独立企業間価格はどのように算定される？

　移転価格税制は，日本親会社と海外子会社の取引について，取引価格を独立企業間価格（独立の第三者間で取引される際に成立するであろう価格水準）に引き直すものです。

　では，そのような価格をどのように算定すればよいのでしょうか。これには正解はなく，一定の仮定に基づいて計算するほかありません。日本においては，独立企業間価格の算定方法として，以下の６つの方法が規定されており，それぞれの事案に応じて，最適な方法を選択することになります（いわゆるベスト・メソッド・ルール）。

---

(1)　独立価格比準法（CUP法）

(2)　再販売価格基準法（RP法）

(3)　原価基準法（CP法）

(4)　取引単位営業利益法（TNMM）

(5)　利益分割法（PS法）

(6)　ディスカウント・キャッシュ・フロー法（DCF法）

　繰り返しになりますが，**いずれの方法によっても，本当の意味での独立企業間価格を算定できるわけではありません**。それぞれ異なる仮定を置いて，独立企業間価格らしきものを算定する手段にすぎないという点に注意が必要です。

　以下では，上記(1)～(5)の独立企業間価格の算定方法について，簡単に内容を解説します。

　また，(6)については，2019年度税制改正により新たに規定されたものであり，主に無形資産取引に関係するものであるため，海外子会社に無形資産を移転するケース（パターンC 37）で確認します。

　なお，ここからは，日本親会社と海外子会社（＝国外関連者）という関係の２社を想定し，どちらかを検証対象にするときには，海外子会社を選択することを前提とします。

⑴　**独立価格比準法（CUP法（Comparable Uncontrolled Price Method））**

　独立価格比準法とは，要するに「**似たような取引と価格を直接比較する方法**」です。

　つまり，同種の棚卸資産に係る非関連者との取引を比較対象取引として，独立企業間価格を算定する方法をいいます（図表Ⅱ－12－2参照）。

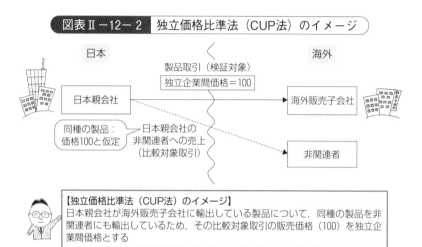

図表Ⅱ－12－2　独立価格比準法（CUP法）のイメージ

【独立価格比準法（CUP法）のイメージ】
日本親会社が海外販売子会社に輸出している製品について，同種の製品を非関連者にも輸出しているため，その比較対象取引の販売価格（100）を独立企業間価格とする

　独立価格比準法は，比較対象取引を非常に厳格に選定し，価格自体を直接比較する方法です。その意味で，独立企業間価格の算定方法の中で最も信頼性が高い一方，比較対象取引を見つけることは困難な場合が多いといえます。

豆知識

　海外子会社に温情は無用？

　海外子会社はグループの一員なので，心情的には，グループ外との取引よりも有利な条件で取引してあげたくなります。例えば，海外の製造子会社からは，外部の製造委託先よりも高い値段で製品を買い上げ，海外の販売子会社には，現地の代理店よりも安い値段で製品を卸しがちです。しかしながら，独立価格比準法（CUP法）の観点で考えると，このような発想は危険であることがわかります。

⑵　再販売価格基準法（RP法（Resale Price Method））

　再販売価格基準法とは，要するに「**海外販売子会社の外部への販売価格をも
とに独立企業間価格を逆算する方法**」です。

　つまり，第三者（非関連者）への再販売価格から通常の利潤を控除して計算
した金額をもとに独立企業間価格を算定する方法をいいます（図表Ⅱ－12－3
参照）。

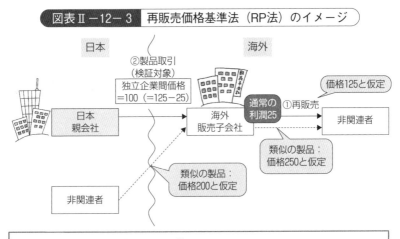

図表Ⅱ－12－3　再販売価格基準法（RP法）のイメージ

【再販売価格基準法（RP法）のイメージ】
- 類似の製品に係る取引から国外関連者（海外販売子会社）の通常の利益率を計算
  ➡通常の利益率＝20％（再販売価格250に対して50の利益）
- 海外販売子会社の非関連者への再販売価格（①）125に，その利益率を乗じて，通常の
  利潤を計算
  ➡通常の利潤の額＝25（再販売価格125×20％）
- ①から通常の利潤を控除して，②の取引価格（独立企業間価格）とする
  ➡独立企業間価格＝100（再販売価格125－通常の利潤25）

　再販売価格基準法は，買手がその棚卸資産を非関連者に販売することが前提
になっているため，輸入側の販売会社（図表Ⅱ－12－3の「海外販売子会社」）
に適した独立企業間価格算定方法といえます。

⑶　原価基準法（CP法（Cost Plus Method））

　原価基準法とは，要するに「**海外製造子会社の外部からの仕入価格などをも
とに独立企業間価格を計算する方法**」です。

　つまり，第三者（非関連者）からの購入や製造に係る原価に通常の利潤を加算して計算した金額をもとに独立企業間価格を算定する方法をいいます（図表Ⅱ－12－4参照）。

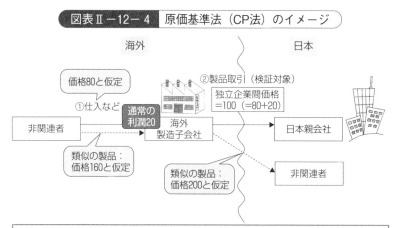

図表Ⅱ－12－4　原価基準法（CP法）のイメージ

【原価基準法（CP法）のイメージ】
- 類似の製品に係る取引から国外関連者（海外製造子会社）の通常の利益率を計算する
  ➡通常の利益率＝25%（原価160に対して40の利益）
- 海外製造子会社の非関連者からの仕入価格（①）80に利益率を乗じて通常の利潤を計算する
  ➡通常の利潤の額＝20（仕入価格80×25%）
- ①に通常の利潤を加算して，②の取引価格（独立企業間価格）とする
  ➡独立企業間価格＝100（仕入価格80＋通常の利潤20）

　原価基準法は，売手がその棚卸資産（原材料など）を非関連者から購入することが前提になっているため，輸出側の製造会社（図表Ⅱ－12－4の「海外製造子会社」）に適した独立企業間価格算定方法といえます。

⑷　**取引単位営業利益法（TNMM（Transactional Net Margin Method））**
　取引単位営業利益法とは，要するに**「海外子会社の営業利益率がちょうどよくなるような取引価格を算定する方法」**です。
　つまり，取引単位ごとに，検証の対象とする会社（通常は海外子会社）と類似の事業活動を行う会社の営業利益率を比較することにより，独立企業間価格を算定する方法をいいます（図表Ⅱ－12－5参照）。

　取引単位営業利益法は，主として一方の会社（海外子会社）に単純な機能しかない場合に，その会社を検証の対象とする形で使われることが多いものです。

　財務データベースから類似する企業（取引）を抽出するなど，公開情報から比較対象を見いだしやすく，**他の方法と比べて，使い勝手がよい**点に特徴があります。

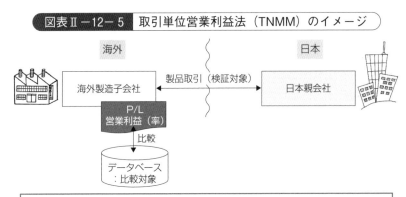

図表Ⅱ－12－5　取引単位営業利益法（TNMM）のイメージ

【取引単位営業利益法（TNMM）のイメージ】
財務データベースなどから，類似の事業活動を行う会社をピックアップし，その営業利益率とチェックして，同じような水準となるように取引価格を設定する

豆知識

日本企業はなぜTNMMばかり使うのか？

　日本企業は，独立企業間価格の算定方法として，取引単位営業利益法（TNMM）を用いることが極めて多いと思われます。その一因として，日本企業は海外子会社に多くの機能を持たせないことが一般的であり，海外子会社がTNMMの検証対象としての条件に合致しやすいことが考えられます。

(5)　**利益分割法（PS法（Profit Split Method））**

　利益分割法とは，要するに「**利益配分がちょうど貢献度に等しくなるような取引価格を算定する方法**」です。

　つまり，まずは国外関連取引に係る日本親会社と海外子会社の営業利益を切り出して，その合計額を両者の利益獲得への貢献度等に基づいて配分し，そのような利益配分になるように独立企業間価格を算定する方法をいいます（図表

Ⅱ－12－6参照）。

　ここで，利益獲得への貢献度（寄与度）を示す指標としては，一般的に営業利益の源泉という意味で，人件費・研究開発費・販売費といった費用や使用した固定資産の価額等が用いられることが多いと考えられます。

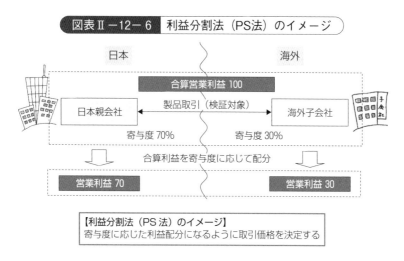

図表Ⅱ－12－6　利益分割法（PS法）のイメージ

日本　　　　　　　　　　　　　　海外

合算営業利益 100

日本親会社　　　製品取引（検証対象）　　海外子会社

寄与度 70%　　　　　　　寄与度 30%

合算利益を寄与度に応じて配分

営業利益 70　　　　　　　　　　営業利益 30

【利益分割法（PS法）のイメージ】
寄与度に応じた利益配分になるように取引価格を決定する

　利益分割法には，自社グループ内のデータのみで独立企業間価格を算定できるというメリットがあり，比較対象取引を見いだせない場合に適した独立企業間価格の算定方法といえます。ただし，寄与度を示す指標の設定については，その根拠の裏付けが必要になります。

　なお，上図は，「寄与度利益分割法」と呼ばれる方法を前提にしていますが，利益分割法には，利益配分を「基本的利益」と「残余利益」の2段階で行う残余利益分割法（RPSM：Residual Profit Split Method）などの方法もあります。

13 海外子会社に無形資産を使用させる

Point
- 海外子会社への無形資産の使用許諾も移転価格税制の適用対象となる。
- この場合の独立企業間価格（料率）の決め方については，(1)ロイヤルティの水準を直接見る方法と，(2)ロイヤルティ控除後の海外子会社の営業利益を見る方法の2つが中心になる。

　海外に製造子会社を設立した場合，日本親会社が製造技術などを供与する，より正確には，日本親会社が保有する特許権やその他のノウハウを子会社に使用させることが多いと思われます。

海外子会社に無形資産を使用させるときも移転価格税制に注意！

　このように海外の製造子会社（国外関連者）に特許権等の無形資産を使用させる場合にも，移転価格税制に注意する必要があります。すなわち，移転価格税制は棚卸資産などの有形資産取引だけに適用されるものではなく，特許権やノウハウのような**無形資産**（Keyword参照）の使用料もその適用対象となります。

Keyword

無形資産

　無形資産とは，(1)特許権，実用新案権その他の資産で，有形資産や金融資産（現金・預貯金・有価証券等）以外の資産であり，(2)独立の事業者の間で通常の取引の条件に従って譲渡や貸付けなどが行われるとした場合に，その対価の額が支払われるべきものをいい，例えば，以下のようなものが含まれます。
- 工業所有権その他の技術に関する権利，特別の技術による生産方式等，著作権，減価償却資産の範囲に含まれる一定の無形固定資産

- 顧客リスト及び販売網
- ノウハウ及び営業上の秘密
- 商号及びブランド
- 無形資産の使用許諾等により設定される権利
- 上記以外の契約上の権利

ロイヤルティとは？

　日本親会社が海外の製造子会社に特許権等の無形資産を使用させる場合（特にその子会社が直接外部に製品を販売している場合）には，日本親会社は通常ロイヤルティ（無形資産の使用料）を回収していると考えられます。図表Ⅱ−13−1のとおり，端的にいうと，**ロイヤルティの位置付けは，海外子会社の超過利益の回収**にあります。

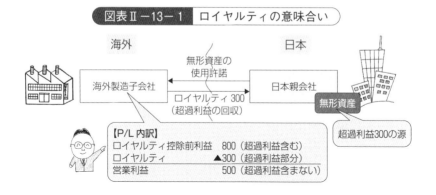

図表Ⅱ−13−1　ロイヤルティの意味合い

ロイヤルティの水準はどのように決めればよい？

　このロイヤルティに係る独立企業間価格（料率）の決め方については，(1)ロイヤルティの水準を直接見る方法と，(2)ロイヤルティ控除後の海外子会社の営業利益を見る方法の2つが中心になります。

　まず，(1)**ロイヤルティの水準を直接見る方法**としては，**独立価格比準法（CUP法）的な方法の適用**が考えられ，実務的には各種ロイヤルティのデータベース等から比較対象取引（同種の無形資産取引）をピックアップ

し，それをもって独立企業間価格の裏付けとするケースがあります（図表
Ⅱ-13-2参照。独立価格比準法（CUP法）については，12参照）。ただ
し，「同種」の無形資産取引を見つける必要があるので，必ずしも簡単に
使える方法ではありません。

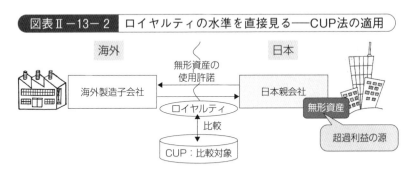

図表Ⅱ-13-2　ロイヤルティの水準を直接見る——CUP法の適用

これに対し，(2)**ロイヤルティ控除後の海外子会社の営業利益を見る方法**
としては，実務上は取引単位営業利益法（TNMM）を使って海外子会社
の営業利益水準の裏付けとする方法が多く用いられています（図表Ⅱ-13
-3及び12参照）。

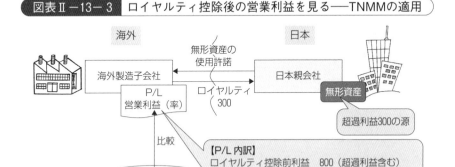

図表Ⅱ-13-3　ロイヤルティ控除後の営業利益を見る——TNMMの適用

すなわち，海外子会社が自らは重要な無形資産を有しておらず，単純な
製造機能のみを持つため，ロイヤルティ控除後の営業利益が，同様の状況

にある他の現地製造会社と同レベルになるように，（ある意味，逆算で）ロイヤルティの水準が設定されるべきという考え方です。

　もちろん，海外子会社は日本親会社の技術やノウハウを使用しているため，そこから生じる超過利益をいったんは享受します。しかし，一方で日本親会社に対して見合いのロイヤルティを支払うこととなるため，ロイヤルティ支払後の営業利益率は基本的な製造機能のみに対応する水準（つまり，現地の同業他社と同水準）となっているはずであり，TNMMはこの点に着目しているといえます。

豆知識

海外子会社が儲かりすぎると困る？

　経営の観点では，海外子会社が高収益を上げているのは望ましいことです。しかしながら，税務の観点からは，この状況を手放しでは喜べません。これは，海外子会社の利益率が高すぎると，日本の税務当局に「日本親会社から利益が移転しているのではないか？」という疑いをかけられる可能性が高いためです。これはTNMMの考え方に基づくものであり，例えば，単純な製造機能しかない海外製造子会社の営業利益率が高すぎると，日本の税務当局は「日本親会社が供与している技術に対するロイヤルティの水準が低すぎるのではないか？」という疑念を抱くということです。

海外子会社のことも考えて

　以上は，日本の税務当局からみた，日本の移転価格税制の適用上の論点ですが，逆に海外製造子会社の営業利益率が比較対象に比べて低すぎれば，海外の税務当局にロイヤルティの高さを問題視され，ロイヤルティの損金性が否認される（損金算入ができなくなる）可能性があります。

　繰り返しになりますが，日本の税法と海外の税法は別物なので，両方の視点で考えなければならないということです。

　なお，このロイヤルティに代表されるように，一般に海外子会社では，日本親会社への支払いの損金性が問題になることが多いといえます。

14 海外子会社の経営管理をサポートする

Point
- 海外子会社に対する経営管理のサポートなどの役務提供も移転価格税制の適用対象となる。
- この場合の独立企業間価格の決め方については，役務提供の内容にもよるが，日本親会社側の総原価とし，マージンを取らないことが多い。

　限られた人員で運営している海外子会社では，管理機能を充実させることは難しいため，日本親会社は通常，海外子会社に対して，経営・財務・業務・事務管理といった幅広いサポートを行っているものと考えられます。これには，日本から現地へのサポートも含まれます。

海外子会社の経営管理をサポートするときも移転価格税制に注意！

　このように海外子会社（国外関連者）に役務提供を行う場合にも移転価格税制に注意する必要があります。すなわち，移転価格税制は，有形資産取引や無形資産取引だけに適用されるものではなく，このような企業グループ内の役務提供（IGS：Intra-Group Service）もその適用対象となります。

活動の対価を回収する必要があるか？

　まず，日本親会社が行っている活動のうち，海外子会社にとって経済的または商業的価値のある役務提供のみが，移転価格税制の対象となり，対価の回収が必要とされます。

　この判断を行う際の基本的な考え方として，以下のようなものがあります。

(1)　日本親会社がその活動を行わなかった場合，国外関連者が自らその活動と同様の活動を行う必要があるかどうか

(2)　第三者間で同様の活動について対価を支払うかどうか

より具体的には，図表Ⅱ−14−1のような要素を総合的に検討します。

図表Ⅱ−14−1　役務提供の対価の回収が必要か──有償性の判断

有償性があると判断される場合
- 日本親会社がその活動を行わなかった場合，国外関連者が自らその活動と同様の活動を行う必要がある
- 第三者間では，同様の活動について対価を支払う

有償性があるもの （移転価格税制の対象となるIGS）	有償性がないもの （国外関連者にとって経済的または商業的価値を有しない活動）
イ　企画または調整 ロ　予算の管理または財務上の助言 ハ　会計，監査，税務または法務 ニ　債権または債務の管理または処理 ホ　情報通信システムの運用，保守または管理 ヘ　キャッシュフローまたは支払能力の管理 ト　資金の運用または調達 チ　利子率または外国為替レートに係るリスク管理 リ　製造，購買，販売，物流またはマーケティングに係る支援 ヌ　雇用，教育その他の従業員の管理に関する事務 ル　広告宣伝	**重複活動：** 非関連者が国外関連者に対して行う活動または国外関連者が自らのために行う活動と，その内容において重複がある場合（一時的に生ずるもの及び事実判断の誤りに係るリスクを軽減させるために生ずるものを除く） **株主活動：** 国外関連者の株主または出資者としての地位を有する法人（「親会社」）が行う活動のうち，一定のもの。 例えば… • 親会社による有価証券報告書の作成（有価証券報告書作成のために親会社としての地位に基づいて行う国外関連者の会計帳簿の監査を含む）または親会社による連結財務諸表の作成その他の親会社がその遵守すべき法令に基づいて行う書類の作成

　すなわち，日本親会社が海外子会社のために行う活動については，重複活動や株主活動といった例外的な活動を除き，基本的に対価の回収が必要であることがわかります。

　その意味で，「**海外子会社のサポートを行った場合，何らかの対価を回収すべき**」という発想を持っておくことが何より重要になります。

IGSの対価をどのように決めればよい？

　上記のように，移転価格税制の適用対象となる役務提供については，その対価を回収する必要がありますが，対価の決定方法は図表Ⅱ−14−2のように整理できます。

図表Ⅱ−14−2　役務提供対価の決定方法

(1)　原則的な算定方法
　　…対価：「通常の独立企業間価格」（e.g. 総原価＋適正なマークアップ）

(2)　簡易な算定方法（企業による選択）
　　…対象：低付加価値IGS
　　…対価：「総原価＋5％マークアップ」

(3)　総原価法（企業による選択）
　　…対象：①本来の業務に付随して行われるIGS
　　　　　　②低付加価値IGSのうち，事業活動の重要部分に関連しないもの
　　…対価：「総原価」

　すなわち，原則としては独立企業間価格（12参照）によることになり，例えば，コスト・プラスの考え方に基づき，日本親会社側で発生した費用（総原価）に適正なマークアップを行って（つまり，マージンを乗せて），海外子会社から回収することになります。

　ただし，親会社または海外子会社の**本来の業務に付随して行われた役務提供**の場合などは，一定の例外を除いて，マークアップなしで，**日本親会社側で発生した総原価を回収することで足りる**こととされています（図表

Ⅱ－14－2の(3)「総原価法」）。例えば，海外子会社から製品を輸入している親会社が，海外子会社の製造設備に対して行う技術指導などにはこの取扱いが適用されます。

さらに，2018年の移転価格事務運営要領の改正以降，**低付加価値のIGS**については，一定の要件の下，**簡易な対価の算定方法として5％マークアップ**が認められています。この算定方法による場合，「総原価＋5％のマークアップ」を海外子会社から回収することになります（図表Ⅱ－14－2の(2)「簡易な算定方法」）。

ここで，低付加価値のIGSの例は以下のとおりで，主に会計・税務・法務に関する事務などの，いわゆるバックオフィス業務が該当します。

- 会計，予算及び監査に関する事務（会計帳簿または予算の作成，財務に関する監査など）
- 債権及び債務の管理に関する事務（顧客に対する債権及び債務ならびに信用リスクの管理など）
- 従業員の管理に関する事務（雇用・教育・給与・福利厚生など）
- 事業を規制する基準に関する情報の管理または収集に関する事務（衛生・安全・環境など）
- 情報通信サービスに関する事務（情報通信システムの保守や管理など）
- 広報活動の支援に関する事務
- 法務に関する事務（契約書の作成や契約内容の確認など）
- 税務に関する事務（申告書の作成や納税など）

なお，いずれの場合においても，「総原価」については，原則として，その役務提供に関連する直接費のみならず，合理的な配賦基準によって計算された間接費（担当部門及び補助部門の一般管理費など）まで含まれる

点に留意が必要です。

海外子会社のことも考えて

　海外子会社，特に新興国の子会社に役務提供の対価（費用）を負担させるにあたっては，移転価格税制の視点を含めて，それが税務上損金として認められるかどうかに注意する必要があります。これは一般的に，海外子会社では，日本親会社への支払いの損金性が問題になることが多いためです。

　したがって，海外子会社側の最低限の対応として，「どのような便益を得たか」を具体的に説明できるようにしておく必要があります。

15 海外子会社と共同で研究開発する

Point
- 海外子会社と費用分担契約を締結して共同研究を行う場合，それぞれの分担額に応じて，成果としての無形資産の持分を取得する。
- この場合の費用分担契約も移転価格税制の適用対象となる。

研究開発活動に関しては，一定の業種ではグローバル化が進んでいると考えられますが，一方で依然として日本親会社にその機能を集約しているケースも多いと思われます。

研究開発の成果は誰に帰属する？

研究開発活動を日本親会社だけが行っている場合，その研究開発が成功した場合には，日本親会社にその成果としての無形資産が帰属します。

したがって，研究開発活動に参加していない海外子会社がその無形資産を使用する場合，基本的には日本親会社に対してロイヤルティ（無形資産の使用料）を支払う必要があります（図表Ⅱ-15-1参照）。移転価格税制上，ロイヤルティの料率の議論は非常に難しく，しかも料率のパーセンテージが少し動くだけでも，所得に大きなインパクトがあります。

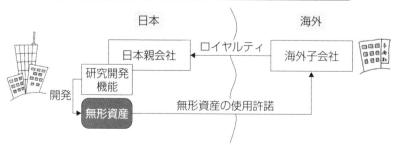

図表Ⅱ-15-1　日本親会社のみが研究開発を行う場合

　このような問題を回避するために，**海外子会社も含め，その研究開発に関連のあるすべてのグループ企業に，研究開発投資の成果としての無形資産を直接持たせるためには，費用分担契約という選択肢があります。**

費用分担契約とは？

　費用分担契約とは，研究開発活動等の一定の活動に係る費用を，複数の企業が共同で負担することを取り決める契約をいいます。日本親会社と海外子会社（国外関連者）が共同で新製品の製造技術を開発する場合の費用分担契約のイメージは以下のとおりです（図表Ⅱ-15-2参照）。

> ・日本親会社と海外子会社のそれぞれが，その製造技術の開発に要する費用を分担することを取り決める。
> ・この分担割合は，その製造技術を用いて製造する新製品の販売によって享受するであろう予測便益を基礎として算定する（予測便益割合）。
> ・その製造技術の開発から生じる新たな無形資産については，日本親会社と海外子会社のそれぞれが，分担額に応じて持分を取得する。

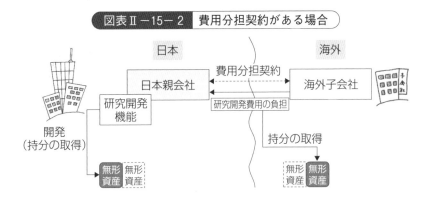

図表Ⅱ-15-2　費用分担契約がある場合

費用分担契約にはどんな効果が？

　海外子会社と費用分担契約を締結することにより，移転価格税制上の焦点が，ロイヤルティの料率の問題から研究開発費の負担関係の問題に移行するため，日本親会社にとってよりコントロールしやすくなるという効果があります。ただし，費用の負担割合の問題は依然として移転価格税制の適用対象となるため，留意が必要です。

16 移転価格文書を作成する

 Point
- 一定の要件を満たす日本企業（最終親会社等）においては，国別報告事項（CbCレポート）と事業概況報告事項（マスターファイル）の作成が求められる。
- また，「独立企業間価格を算定するために必要と認められる書類」（ローカルファイル）については，同時文書化義務が規定されている。

三層構造の移転価格文書とは？

　日本においては，OECDのBEPSプロジェクトを受けて（第Ⅰ部4参照），2016年度税制改正により，移転価格税制の文書化（Keyword参照）に関する制度が整備されています。

Keyword

文書化

　移転価格税制における文書化とは，文字どおり移転価格関連の文書（「独立企業間価格を算定するために必要と認められる書類」など）を作成することをいいます。

　移転価格文書は三層構造であり，連結総収入金額が1,000億円以上の多国籍企業グループにおいては，独立企業間価格を算定するために必要と認められる書類（いわゆる「ローカルファイル」）に加えて，国別報告事項と事業概況報告事項という2つの文書の作成も求められます（図表Ⅱ-16-1参照）。

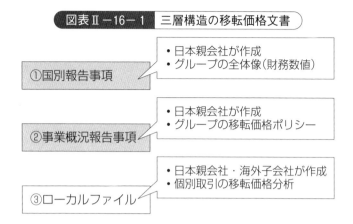

図表Ⅱ-16-1　三層構造の移転価格文書

①国別報告事項
- 日本親会社が作成
- グループの全体像(財務数値)

②事業概況報告事項
- 日本親会社が作成
- グループの移転価格ポリシー

③ローカルファイル
- 日本親会社・海外子会社が作成
- 個別取引の移転価格分析

国別報告事項のイメージは?

①**国別報告事項**(いわゆる「**CbCレポート**」)とは,多国籍企業グループが事業を行う国ごとの情報をサマリーしたものであり,具体的には事業を行う国ごとの収入金額,税引前当期利益の額,納付税額等に関する情報を記載します(言語は英語。図表Ⅱ-16-2参照)。

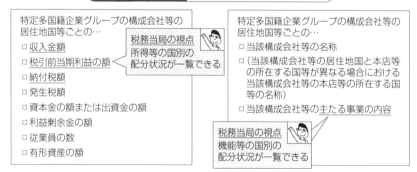

図表Ⅱ-16-2　国別報告事項のイメージ

特定多国籍企業グループの構成会社等の居住地国等ごとの…
- 収入金額
- 税引前当期利益の額
- 納付税額
- 発生税額
- 資本金の額または出資金の額
- 利益剰余金の額
- 従業員の数
- 有形資産の額

税務当局の視点
所得等の国別の配分状況が一覧できる

特定多国籍企業グループの構成会社等の居住地国等ごとの…
- 当該構成会社等の名称
- (当該構成会社等の居住地国と本店等の所在する国等が異なる場合における当該構成会社等の本店等の所在する国等の名称)
- 当該構成会社等の主たる事業の内容

税務当局の視点
機能等の国別の配分状況が一覧できる

　この国別報告事項については,税務当局が概括的な移転価格リスクの評価に用いるものと考えられます。

事業概況報告事項のイメージは？

　②**事業概況報告事項**（いわゆる「**マスターファイル**」）とは，多国籍企業グループの組織構造，事業の概要，財務状況等に関する情報を記載するものであり，移転価格税制に係るグループの全体像を示す文書といえます（言語は英語または日本語。図表Ⅱ－16－3参照）。

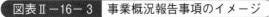

図表Ⅱ－16－3　事業概況報告事項のイメージ

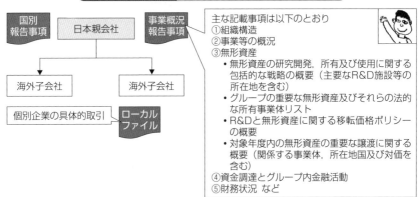

主な記載事項は以下のとおり
①組織構造
②事業等の概況
③無形資産
　・無形資産の研究開発，所有及び使用に関する包括的な戦略の概要（主要なR&D施設等の所在地を含む）
　・グループの重要な無形資産及びそれらの法的な所有事業体リスト
　・R&Dと無形資産に関する移転価格ポリシーの概要
　・対象年度内の無形資産の重要な譲渡に関する概要（関係する事業体，所在地国及び対価を含む）
④資金調達とグループ内金融活動
⑤財務状況　など

　このマスターファイルについては，税務当局がグローバルな事業活動の内容や移転価格ポリシー等の把握のために使用するものと考えられます。

　なお，①国別報告事項（CbCレポート）と②事業概況報告事項（マスターファイル）のいずれも，国税電子申告・納税システム（e-Tax）により国税当局に提供する必要があり，その期限は日本親会社の事業年度終了の日の翌日から1年以内とされています（その他，「最終親会社等届出事項」という日本親会社に関する情報を記載した文書も提供する必要があります）。

ローカルファイルの同時文書化義務にも注意！

　上記の①国別報告事項及び②事業概況報告事項のほか，③ローカルファイル（独立企業間価格を算定するために必要と認められる書類）について

も，2016年度税制改正により**同時文書化義務**が定められています。

　この**ローカルファイル**は，ざっくりいうと，海外子会社とどういった取引を行っているかという**「国外関連取引の内容を記載した書類」**と，それについてどのように移転価格を算定しているかという**「国外関連取引に係る独立企業間価格を算定するための書類」**で構成されています。

　ローカルファイルに関する同時文書化義務については，具体的には，以下に該当する国外関連者（海外子会社など）があれば，その国外関連取引に係るローカルファイルを確定申告書の提出期限までに（これが「同時」文書化の意味合い）作成等しなければならないこととされています。

---

① 　**前事業年度の国外関連取引**（②を含む）**の合計金額が50億円以上**
または

② 　**前事業年度の無形資産取引**（特許権，実用新案権などの無形固定資産その他無形資産の譲渡または貸付け等）**の合計金額が３億円以上**

　なお，このローカルファイルの同時文書化義務については，連結総収入金額が1,000億円以上か否かにかかわらず，国外関連者との取引ごとに判断します。

　同時文書化義務については，上記の金額基準を下回って義務が免除されると，すごくラッキーな気もするのですが，実際には事務負担はそれほど変わりません。なぜなら，**ローカルファイルの同時文書化義務が免除される場合であっても，ローカルファイル（に相当する書類）を作成しなくてよいことにならない**からです。

　すなわち，同時文書化義務のない取引についても，税務調査等で当局の要請があった場合，提示・提出が求められる書類の範囲は基本的に同じです。差があるのは，確定申告書の提出期限までの作成義務の有無のみなので，あくまでも「同時」文書化が免除されるだけであって，文書化自体が

免除されるわけではない点に注意が必要です。

豆　知　識

BEPS対応は悪いことばかりじゃない

　上記のとおり，OECDのBEPSプロジェクト（それを受けた日本の税制改正）への対応で，日本企業の事務負担は大きく増しています。これはある意味，アグレッシブなタックス・プランニングを行っていた（行っている）欧米企業のとばっちりを受けた形です。

　しかしながら，このような状況を有効活用している企業もあります。例えば，海外で一定規模の企業群を買収した日本企業では，従来，その企業群内部の移転価格の設定について，十分な情報が得られないケースがありました。このような場合，例えば，マスターファイルの作成義務などは，親会社としてのコントロールを強化する大義名分になります。つまり，情報提供の依頼に際して，単に「日本親会社にとって必要だから」ということではなく，「制度として求められているから」という理由付けが可能ということです。

　BEPSプロジェクトというある種の外圧に対して，せっかくコストをかけて対応するのであれば，その機会を有意義に使いたいものですね。

17 海外子会社に従業員を出向させる（会社の立場）

 ・海外子会社への出向者に係る人件費について，日本親会社が
（海外子会社との）給与水準の較差分を負担するのは問題ない。

　海外子会社を設立した場合，そのマネジメントや従業員をすべて現地で
採用することは稀で，通常，少なくとも一定期間は，日本親会社から従業
員を出向させることが多いと考えられます。

出向者人件費の負担関係はどのように決めればよい？

　海外子会社への出向者に係る人件費については，現地の給与水準のほう
が低い場合，海外子会社が現地水準を負担し，給与水準の較差分は日本親
会社が負担しているケースが多いと考えられます。

　この場合の基本的な取扱いとして，日本親会社が出向先法人（海外子会
社）との給与条件の較差を補填するために出向者に支給した給与は，日本
親会社にて損金算入が可能です（図表Ⅱ－17－1参照）。

図表Ⅱ－17－1　日本親会社の負担は本当に給与較差の補填か

海外子会社（出向先）

日本親会社（出向元）

較差補填の妥当性（較差の有無）

較差補填であれば損金算入可

日本親会社負担分

海外子会社における同ランクの従業員給与

比較

海外子会社負担分

出向者給与（全体）

つまり，**海外子会社に現地水準までを負担させ，それを上回る部分を日本親会社が負担している場合には，基本的に問題がないことになります。**

注意すべきポイントは？

　日本親会社が海外子会社への出向者の給与に関して不必要に大きな較差補填をしている（つまり，費用を負担しすぎている）場合には，日本の税務当局から問題視される可能性があります（国外関連者に対する寄附金の問題）。

　そのため，前提となる較差の有無について，例えば現地の同ランクの従業員の給与水準と比較するなどして厳密に計算しておくことが重要になります。

18 海外子会社に出向する（従業員の立場）

Point
- 海外子会社への出向者については，居住者か非居住者かの判定が必要。
- 非居住者に該当する場合，日本では国内勤務に対応する給与等にしか所得税が課されないため，日本での課税は発生しないことが多い。

　海外子会社に従業員を出向させるにあたっては，その出向者個人の税負担も考えておく必要があります。これは，法人税というよりは，主として（個人）所得税の問題です。

海外出向者は居住者か非居住者か？

　まず，日本親会社の従業員が海外子会社へ出向する場合で，その出向期間が1年以上になる場合には，日本の所得税法上，**非居住者**（Keyword参照）の扱いとなります。

Keyword

非居住者
　非居住者とは「居住者以外の個人」をいい，居住者とは「日本国内に住所を有するか，または日本国内に現在まで1年以上居所を有する個人」をいいます。したがって，非居住者は「日本国内に住所も1年以上の居所も有しない個人」をいうことになります。

　海外子会社等への出向者が非居住者に該当するかどうかの判定は若干複雑ですが，単純にいうと，「**出向契約等で出向期間が1年以上と定められている場合**」や「出向期間が定められていないなど，**出向期間が1年未満であることが明らかでない場合**」には，**基本的に非居住者という扱いにな**

ります。この非居住者の判定が源泉徴収の要否を判断するうえでの出発点
になります。

海外出向者に支払う給与等への課税は？

　海外子会社等への出向者に対する課税関係は，その出向者が日本の(1)居
住者であるか，(2)非居住者であるかによって変わってきます（図表Ⅱ－18
－１参照）。

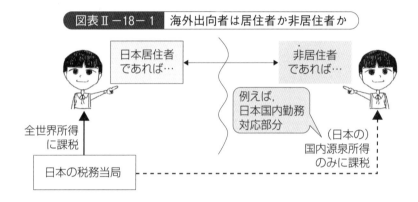

図表Ⅱ－18－1　海外出向者は居住者か非居住者か

(1)　出向者が日本居住者の場合

　海外出向者が居住者と判定される場合，その海外出向者の全世界所得
（国内及び国外で発生した所得）**が日本の所得税の課税対象**となり，日本
国内で支払われる給与等は源泉徴収が必要になります。また，国外（出向
先）で支払われる給与等も，（出向者が）日本で確定申告する必要があり
ます。

　ただし，いわゆる在勤手当（海外赴任の際の手当で，物価水準の差など
から，国内で勤務した場合に比べて利益を受けると認められない部分の金
額）は基本的に非課税とされます。

(2)　出向者が非居住者の場合

　海外出向者が非居住者と判定される場合，その出向者に支払う給与等は，

国内源泉所得のみが日本の所得税の課税対象となります。

　ここで，出向者が日本親会社において使用人である（役員ではない）ことを前提とすれば，国内源泉所得は，給料や賞与等のうち，日本国内で行う勤務に起因するものになります。

　したがって，その海外出向者が国外でのみ勤務する場合は，日本の国内源泉所得はないことになり，仮に留守宅手当のように日本において支払われる部分があったとしても，源泉徴収の必要はありません。

海外での課税（申告）についても考えよう

　非居住者に該当する海外出向者の場合，現地での勤務に対応する給与等については，上記のとおり日本の所得税は課されませんが，基本的に現地の所得税を課されます。所得税についても，日本の税法と海外の税法は別物ということです。

　この場合，現地の所得税は，日本親会社から支払われる給与等も合算して課税されることが多いと思われるため，現地での課税関係も考えておく必要があります。

豆 知 識

183日ルール

　従業員を海外に派遣し始めると，「183日ルール」という用語をよく耳にするようになります。この183日ルールとは，給与所得に関する租税条約の規定を指し，一般に派遣先の国に滞在する期間が（1年の間に）合計183日を超えると，その国で個人所得税の納税義務が発生するというものです。逆にいうと，183日以内であれば，その国で個人所得税の納税義務は発生しないということであり，この規定は「短期滞在者免税」とも呼ばれます。

　したがって，183日ルールは，「出向者」よりは，「出張者」（特に長期出張者）について，注意が必要なルールといえます。

19 海外子会社を支援する

 Point
・海外子会社に対する支援損は，日本親会社で損金算入できない
　ことが多い。

　海外子会社の事業は必ずしも軌道に乗るとは限らず，海外子会社の再建
のために，日本親会社が債権放棄等の形で支援を行うことがあります。こ
の場合，日本親会社において，その支援損が損金算入されるかどうかが重
要になります（図表Ⅱ-19-1参照）。

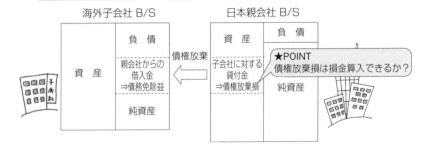

図表Ⅱ-19-1　海外子会社に対する支援損は損金算入できるか

海外子会社支援損は損金算入できる？

　まず，結論として，**日本親会社のこのような支援損を損金算入すること
はなかなか難しい**というのが実情です。

　これは，この場合に日本親会社が負担する損失は，原則として寄附金
（国外関連者に対する寄附金）として損金不算入の取扱いとなり，例外的
に，その損失負担に経済合理性がある場合等の一定の場合にのみ，損金算
入が認められるという位置付けになっているためです。

どういうケースで損金算入が認められる？

　損失負担に経済合理性がある場合というのは，単純にいうと，「放置し
て倒産させるよりも，支援して再建したほうが，日本親会社の損失が小さ

い」ということです。より具体的には，債権放棄等が，例えば，業績不振の子会社等の倒産を防止するためにやむを得ず行われるもので，合理的な再建計画に基づくものである等，相当な理由があると認められるときには，寄附金に該当しないものとされています。

　ここで，合理的な再建計画かどうかについては，基本的に事実認定の問題といえます。実務的には，支援額の合理性，支援者の範囲の相当性及び支援割合の合理性，支援者による再建管理の有無等について，個々の事例に応じ，総合的に判断を行うことになりますが，税務調査においては，これらのポイントはかなり厳しくチェックされる点に注意が必要です。

豆　知　識

債務免除益のことは考えた？

　海外子会社に対して債権放棄を行う場合，日本親会社における債権放棄損の取扱いのほか，海外子会社における債務免除益の取扱いも考える必要があります。

　通常，債務免除益は海外子会社の課税所得に含まれる（課税される）ので，債務免除益の発生を海外子会社の繰越欠損金の枠内に収めるなど，債権放棄に伴って，海外子会社に追加の納税が発生することがないように配慮します。ただし，国によっては債務免除益が課税されないこともあるので，その点も事前に確認しておく必要があります。

20 海外子会社株式を評価減する

・海外子会社株式の評価損は，日本親会社で損金算入できないことが多い。

　日本親会社の支援によっても，海外子会社の業績が回復するとは限らず，日本親会社が保有する海外子会社株式について評価損を計上する場合もあります。つまり，海外子会社の損失を日本親会社が評価損の形で取り込んで，自らの課税所得を圧縮するということです（図表Ⅱ－20－1参照）。

　しかしながら，現実には，**海外子会社株式について，税務上の評価損を計上することは容易ではありません。**

図表Ⅱ－20－1　海外子会社株式の評価損は損金算入できるか

海外子会社株式の評価減が認められるためには？

　海外子会社が現地で上場していないことを前提にすると，税務上，非上場株式である海外子会社株式について評価損の計上が認められるためには，以下の2つの要件の充足が求められます。

(1)　発行法人（＝海外子会社）の資産状態の著しい悪化
(2)　株式（＝海外子会社株式）の価額の著しい低下

　ここで，(1)発行法人の資産状態の著しい悪化については，基本的には，期末時の1株当たりの純資産価額を取得時の1株当たりの純資産価額と比

較し，それがおおむね50％以上下落しているかどうかにより判断します。つまり，純資産対純資産の比較（基本的に外貨ベース）です。

　一方，(2)株式の価額の著しい低下については，期末時における時価が（株式の）帳簿価額のおおむね50％相当額を下回ることとなり，かつ，近い将来その時価の回復が見込まれないことをいうものとされています。

なぜ海外子会社株式の評価減は難しいのか？

　税務上，上場株式については，「上場有価証券の評価損に関するQ&A」という形式的な基準がありますが，非上場株式の場合には，このような形式基準がなく，時価の回復可能性を実質判断しなければなりません。その意味では，実務上は，非上場の子会社株式について税務上の評価損を計上することのハードルはより高いものと考えられます。

　これに加えて，海外子会社株式については，一般に企業支配株式等（端的には，20％以上保有）に該当し，その時価を考えるにあたっては，企業支配に係る対価（プレミアム）を加算する必要があるため，通常の非上場株式よりもさらに評価損の計上が難しいということになります。

豆　知　識

なぜ会計と税務はこんなにも違うのか？

　税務上，海外子会社株式の評価減が難しいのは上記のとおりですが，会計上は，海外子会社株式も簡単に評価減（減損処理）されます。これは，会計の基本的な考え方として保守主義というものがあり，「利益は少なめに，なので，損は早めに計上すべき」という発想があるためです。

　一方，税務は逆で，「所得は多めに，なので，損は遅めに計上すべき」という発想があり，特に評価損などはなかなか損金として認められません。

　法人税の所得計算の際の税務調整では，会計上の損を（税務上は）取り消すという調整が多く出てきますが，これは，このような基本的発想の違いに起因しているともいえます。

21 海外子会社から配当を回収する

Point
・海外子会社から受け取る配当については，外国子会社配当益金不算入制度が適用され，日本での課税はほとんど発生しない。
・ただし，配当に伴って課される海外子会社所在地国の配当源泉税については，日本親会社にとって純粋な税務コストとなる。

　海外子会社に出資の形で資金を供給した場合，海外子会社の利益は配当の形で回収することになります。

　配当は海外子会社の税引後利益から支払われます。すなわち，海外子会社は，(1)利益を稼得し，(2)そこから現地で法人所得税を支払い，(3)その残りを日本親会社に配当する，という順序になります。裏を返すと，一般的に支払配当は海外子会社の側で損金にならないということです。

日本親会社は受取配当金に課税される？

　問題は，このような海外子会社からの配当が，日本親会社の側でどのように課税されるかです。**答えとしては，「ほとんど課税されない」**ということになりますが，この点については，「**外国子会社配当益金不算入制度**」の理解が必要になります。

ここはガマン！
制度の概要　外国子会社配当益金不算入制度

　外国子会社配当益金不算入制度の基本的なメッセージは，「**海外子会社は海外で課税されていることだし，そこからの配当は日本ではあまり課税しませんよ**」ということです。

　つまり，外国子会社配当益金不算入制度は，端的には，**外国子会社**（Keyword参照）からの配当を原則として95％益金不算入とするものです。

　一点注意を要するのは，配当に伴って課される海外子会社所在地国の配当源

泉税の取扱いです。**95％益金不算入とされる配当については，その配当源泉税には外国税額控除が適用できず**（損金算入もできず），**日本親会社にとって純粋な税務コストとなります**。これは，海外子会社からの利息やロイヤルティであれば，対応する源泉税に外国税額控除が適用できるのとは対照的です。

Keyword

外国子会社

　外国子会社とは，日本企業がその発行済株式等の25％以上を配当等の支払義務が確定する日以前6か月以上引き続き保有している外国法人をいいます。なお，この25％以上という持株比率は，租税条約により軽減されている場合があります。

　まとめると，配当に伴う日本親会社の税務コストは以下のとおりです。

配当額×（現地配当源泉税率＋1.5％）

　上式の1.5％というのは，配当額の5％（＝100％－95％）は課税所得に含まれるため，それに日本の実効税率（約30％）を乗じた配当額の1.5％も日本親会社の税負担であることを示しています（図表Ⅱ-21-1参照）。

図表Ⅱ-21-1 配当で利益還流するとどれだけ課税が発生するか

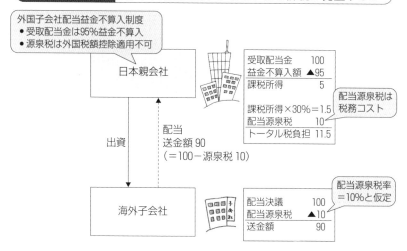

　なお，外国子会社において損金算入される配当については，外国子会社配当益金不算入制度の対象外（つまり，益金算入）とされています。これはOECDのBEPSプロジェクト（第Ⅰ部4参照）を受けて，「支払国では損金算入，受領国では益金不算入」というミスマッチ（いわゆる「ハイブリッド・ミスマッチ」）に対応するために導入された措置です。

外国子会社配当益金不算入制度にはどんな効果がある？

　外国子会社配当益金不算入制度の特徴は，海外子会社からの配当に伴う日本親会社の税負担が小さくなるように設計されている点です。これは，簡単にいうと，海外子会社からの配当は現地で課税済みの利益から支払われているため，これを再度日本で課税すると，二重課税が発生してしまうからです。

　つまり，**外国子会社配当益金不算入制度の下では，低税率国で稼得した利益は，大きな追加の税負担なしに日本へ還流させることが可能**となっているのです。

　ただし，現地配当源泉税が日本親会社にとっての税負担の構成要素となることから，配当源泉税率の低い国に子会社があるほうが望ましいことになります。

　例えば，シンガポールと台湾で配当源泉税率を比較すると，シンガポールの0％（配当源泉税なし）に対して，台湾の配当源泉税率は10％です（日台租税取決め考慮後。以下の「豆知識」参照）。

　したがって，シンガポール子会社からの配当については，100の配当に対して1.5しか課税されないのに対して，台湾子会社からの配当については，同じ配当に対して11.5もの課税が行われることになります（図表Ⅱ－21－2参照）。つまり，シンガポール子会社の税引後利益はほぼそのまま日本に還流可能である一方，台湾子会社の税引後利益を日本に還流するに際しては，11.5％という税務コストの分だけ目減りしてしまうということです。

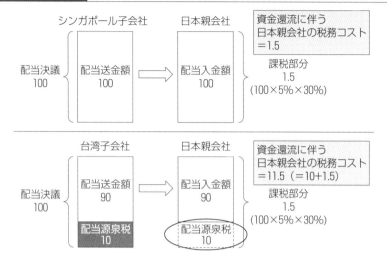

図表Ⅱ－21－2 配当に係る税務コストは国によって異なる——シンガポール vs. 台湾

<豆知識>

日台租税取決め

　日本と台湾との間には租税条約がありませんが，これは台湾との間には正式な国交がなく，国家間の国際約束である租税条約も締結できない状況にあるためです。一方で，台湾に子会社を保有している日本企業は多く，租税条約の締結（による源泉税率の引下げ等）は長く要望されていました。

　このような状況を受け，2015年11月，民間の交流窓口機関である公益財団法人交流協会（日本側）と亜東関係協会（台湾側）との間で，租税条約に相当する内容を規定した日台租税取決めが取り結ばれました。

　ただし，これはあくまでも民間での取決めであり，通常の租税条約とは異なるものです。そこで，この取決めに規定された内容を両国内において実施するため，日本と台湾の双方で国内法が整備されています。単純にいうと，「租税条約があるのと同等の効果」が生じるように，両国の国内法が改正されたということです。

　その効果として，2017年1月1日以降に台湾から日本に支払われる配当については，源泉税が10％（日台租税取決め上の限度税率）に軽減されています。

配当の回収は移転価格税制の対象になる？

　配当の回収は移転価格税制の対象とはなりません。したがって，配当の水準は，海外子会社の配当可能利益の範囲内で，日本親会社が自由に決定できます。

22 海外子会社から利息を回収する

 Point
- 海外子会社から受け取る利息については，日本で通常の課税が行われる。
- 利息支払いに伴って課される海外子会社所在地国の利子源泉税については，日本親会社において外国税額控除の対象となる。

　海外子会社に融資の形で資金を供給した場合，海外子会社の利益は利息の形で回収することになります。

　配当とは異なり，利息は海外子会社の税引前利益から支払われます。言い換えると，一般的に支払利息は海外子会社の側で損金になるということです。つまり，海外子会社は，(1)利益を稼得し，(2)そこから利息を支払い，(3)その残額について法人所得税を課税される，という順序になります。

　問題は，このような海外子会社からの利息が，日本親会社の側でどのように課税されるかです。答えとしては，**配当とは違って特別な制度はなく，「普通に課税される」**ということになります。

日本親会社は受取利息に課税される？

　日本親会社の課税関係については，まず海外子会社からの受取利息は，受取配当金とは異なり，益金算入されて課税所得計算に含まれます。

　一方，海外子会社からの利息支払いにあたっては，配当支払いの場合と同様，一般的に現地で源泉税が徴収されますが（これは日本親会社の負担），その利子源泉税は日本親会社において外国税額控除の対象となります（図表Ⅱ－22－1及び4参照）。

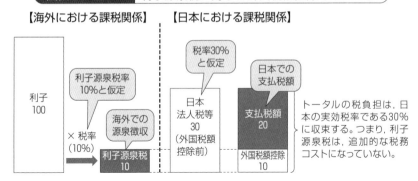

図表Ⅱ－22－1　利子源泉税に対する外国税額控除のイメージ

したがって，外国税額控除の枠が十分にある状況であれば，利子源泉税は追加的な税務コストとはなりません。この点は，（95％益金不算入となる配当に係る）配当源泉税の取扱いとは異なります。

課税関係のイメージについては，図表Ⅱ－22－2をご参照ください。

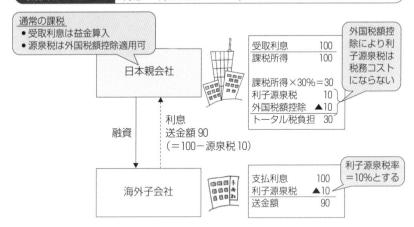

図表Ⅱ－22－2　利息で利益還流すると，どれだけ課税が発生するか

利息の回収は移転価格税制の対象になる？

　日本親会社から海外子会社へ貸付けを行って利息を回収するという**金銭の貸借取引は，移転価格税制の対象となる**ため，その金利決定にあたっては移転価格税制の視点が不可欠になります。つまり，配当とは異なり，利息はその水準（利率）を自由には決定できないということです。

　この点につき，日本の移転価格税制の観点からは，以下のような順序でその金利水準を考えていきます。

　まずは，⑴比較対象取引を探し，それがなければ，⑵借手である海外子会社の銀行等からの調達レート，次いで⑶貸手である日本親会社の銀行等からの調達レートを見ることになります。これらがいずれもない場合には，⑷同条件での国債等での運用レートを考えていくことになります。

　よくあるのは，海外子会社に，銀行などの第三者からの外部借入（比較対象となりうる取引）があるケースで，この場合，その外部借入の金利水準（利率）を考慮する必要があります。

┌─ **豆 知 識** ─────────────────────────┐

　貸付金の通貨は確認した？

　外貨預金の金利が通貨によってまちまちであることからもわかるとおり，一般に金利水準は通貨によって異なります。したがって，例えば，タイ子会社に円建てで貸付けを行う場合と，タイバーツ建てで貸付けを行う場合とでは，日本親会社が回収すべき金利水準（利率）も異なってきます。

　海外子会社への貸付金の金利決定にあたっては，上記のとおり，比較対象取引などの利率を参照することになりますが，この比較対象取引の選定にあたっても，同一通貨建ての貸付金（借入金）を選定するか，または，通貨による金利水準の差異を調整する必要があります。

└──────────────────────────────────┘

23　中間持株会社を設立する

 ・中間持株会社の設立にあたっては，日本，中間持株会社の所在
　　　　　　　地国，傘下の事業子会社の所在地国という 3 か国（以上）の課
　　　　　　　税関係を考える必要がある。

　日本企業が海外の特定の地域に複数の子会社を有している場合，地域統
括会社としての中間持株会社を設立するケースがあります。

中間持株会社はどんな国に置けばよい？

　中間持株会社を置く国を選択するにあたっての一般的な留意事項として，
まず，中間持株会社の設立・管理が容易であり，人材面も含めたインフラ
が整っている国を選択すべきといえます。また，傘下の事業子会社群への
地理的なアクセスも重要です。これに税務上のメリットも併せて考えて，
欧州ではオランダなど，アジアではシンガポールなどに中間持株会社を設
立するケースが多いのではないでしょうか。

中間持株会社の設立方法は？

　新たに海外中間持株会社を設立する場合，簡単にいうと，日本親会社の
下にぶらさがっている事業子会社を，中間持株会社の下に移さなければな
りません。最も単純な方法としては，新たに設立した海外子会社（中間持
株会社になる会社）にその地域の事業子会社の株式を譲渡する方法が考え
られますが，現地法制において**現物出資**（Keyword参照）が制度として
存在する場合，日本親会社が持っている事業子会社株式を新会社に現物出
資する方法が一般的と思われます（図表Ⅱ-23-1参照）。

現物出資

　現物出資とは，金銭出資に対する用語であり，会社の設立または新株発行にあたり，金銭以外の財産を出資することをいいます。中間持株会社の設立または新株発行の場合，日本親会社は，金銭に代えて事業子会社株式（現物）を出資することになります。

どの国で課税される？

　中間持株会社となる新会社に対して，事業子会社株式を現物出資した場合，課税関係は非常に複雑になります。この場合，日本での課税関係が重点的に検討されていることが多いと思われますが，実際には，(1)**日本**，(2)**中間持株会社の所在地国**，(3)**事業子会社の所在地国の課税関係**をそれぞれ考える必要があります（図表Ⅱ-23-1参照）。

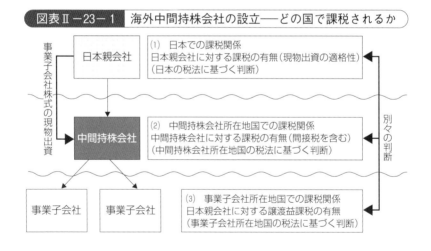

図表Ⅱ-23-1　海外中間持株会社の設立——どの国で課税されるか

　このうち重要なのは，(1)日本における課税と，(3)事業子会社の所在地国での課税であるため，この2つを見ていきます。

日本で課税される？

　⑴日本における課税関係については，**100％保有の中間持株会社に対して現物出資の形をとった場合，法人税等の課税が発生しない場合が多い**と考えられます。以下，順を追って説明します。

　まず，現物出資は基本的に税務上「譲渡」の扱いとなるため，現物出資対象資産である事業子会社株式について譲渡損益を認識する必要があります。これが原則です。

　ただし，その現物出資が日本の法人税法上の**適格現物出資**（Keyword参照）に該当すれば，税務上は譲渡損益を認識せず，事業子会社株式の簿価を中間持株会社株式に付け替えることになります。

Keyword

適格現物出資

　適格現物出資とは，法人税法上の適格要件を満たし，譲渡損益が繰り延べられる現物出資をいいます。

　ここで，現物出資の適格要件については，100％保有の海外中間持株会社を設立する場合には，現物出資に際して中間持株会社株式のみが交付される（金銭の交付がない）ことのほかに，100％の保有関係が継続する見込みが要求されます。また，現物出資対象資産となる事業子会社株式については，その発行済株式総数の25％以上を保有する外国法人株式である必要があります（直接保有の必要があると解されています）。

事業子会社所在地国で課税される？

　⑶事業子会社所在地国における課税関係については，一般に，日本親会社が海外子会社の株式を譲渡する場合，その海外子会社の所在地国で日本親会社が（譲渡益）課税される場合があります（後述の 25 参照）。現物出資は基本的に譲渡と同様のため，**現物出資の対象となる事業子会社株式について，その事業子会社の所在地国で日本親会社が課税される場合がある**

ということです。

　なお，この課税関係の判断にあたって，日本で適格現物出資扱いになっているかどうかは，原則として問われません。これは端的には，日本の税法と海外の税法という別々の税法に基づく判断になるためです。

24 海外子会社同士を合併させる

Point
- 海外子会社同士を合併させるにあたっては，その海外子会社の所在地国における課税関係のほか，日本における課税関係も考える必要がある。

　同一国に複数の子会社を保有している場合，経営効率化を目的として，それらの子会社の再編（合併など）を検討するケースもあります。

どの国で課税される？

　海外子会社を再編する際のポイントは，(1)**日本の税法**と，(2)**海外の税法の両方を考慮すること**といえます（図表Ⅱ-24-1参照）。この場合，海外の課税関係の検討が漏れることはないと思われますが，日本における課税関係について十分に検討されていないケースが見受けられます。

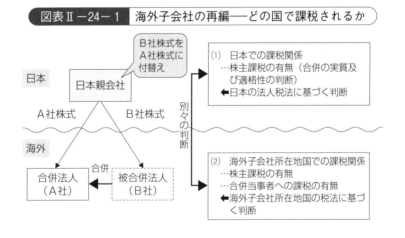

図表Ⅱ-24-1　海外子会社の再編——どの国で課税されるか

海外子会社所在地国で課税される？

　海外で子会社の再編を行った場合の現地での課税関係については，国によって様々ですが，誤解を恐れずにいうと，以下のような取扱いが多いと

思われます。

① 組織再編取引は原則として現地で課税されるものの，

② 一定の要件を満たした場合には非課税または課税の繰延べとなる

　例えば，中国における企業再編税制は，①原則的な取扱いとしての「一般税務処理」と，②日本の適格組織再編に該当する「特殊税務処理」に分かれています。①一般税務処理の場合には，被合併法人は資産・負債を時価譲渡し，その結果生じた所得に対して課税され，被合併法人の株主（日本親会社）に対しても株主課税が行われます。一方，②特殊税務処理の要件を満たす場合には，基本的には課税の繰延べを行うことができます。

日本で課税される？

　海外子会社同士の再編が行われた場合，日本親会社は日本における課税関係を検討する必要があります。図表Ⅱ-24-1でいうと，日本親会社の持つB社株式がA社株式に振り替わるため，ちょうどA社株式を対価としてB社株式を譲渡したのと同じ形になっているためです。

　端的には，日本親会社では，合併が「**適格合併**」と「**非適格合併**」のいずれに該当するかを判断します。適格合併であれば親会社に課税関係は生じず，非適格合併であれば親会社に課税が生じる可能性があります。

　ここで重要になるのは，この検討は日本の税法に基づいて行われるということです。言い換えると，**仮に現地税法上の合併の取扱いが非課税合併**（日本でいう適格合併。例えば，上記の中国における「特殊税務処理」）に**該当していたとしても**，原則としてそれとは関係なく，**日本で，日本の税法に従って，再度適格性判定をしなければならない**ことになります。すなわち，海外の税法と日本の税法が別々に存在するため，それぞれの税法に基づく検討を行う必要があるということです。

　さらにいえば，各国の法制度はまちまちのため，そもそも海外子会社が行った合併が日本でいう「合併」に該当するものかどうかも検討する必要があります（以下の「豆知識」参照）。

豆知識

海外子会社が行った合併は本当に「合併」か？

　海外子会社が行った合併が日本でいう「合併」に該当するのかどうかを検討する際の指針として，「外国における組織再編成に係る我が国租税法上の取扱いについて」（公益社団法人　日本租税研究協会　国際的組織再編等課税問題研究会）という報告書があります。

　同報告書では，⑴包括承継と⑵被合併法人の自動的解散・消滅という２つの要素を合併の本質的要素としています。そして，米国（デラウェア州），ドイツ，フランス，シンガポールなどの会社法に基づく合併等について，これらの要素をもとに判断を行い，「日本の租税法上の「合併」として取り扱うのが適当」という結論を導き出しています。しかしながら，この報告書上もすべての組織再編形態が網羅されているわけではないため，問題となる事案に上記のような考え方をあてはめたうえで，事前に税務当局に照会を行っておくことも一案です。

25 海外子会社を売却する

Point
- 日本親会社が海外子会社を売却する場合，その譲渡益について，日本のみならず，海外子会社の所在地国でも課税されることがある。
- 海外子会社の所在地国で課税された場合，日本で外国税額控除の適用を検討する必要がある。

海外事業から撤退する場合，海外子会社の引受先があれば，海外子会社を売却する形で撤退することが多いと考えられます。

どの国で課税される？

海外子会社株式を売却する際のポイントは，(1)日本の税法のみならず，(2)海外の税法と(3)租税条約も考慮することといえます。

日本で課税される？

海外子会社株式を売却する際の（日本親会社の）日本における課税関係は非常にシンプルであり，譲渡益であれば課税され，譲渡損であれば課税所得を圧縮できます。

海外子会社所在地国で課税される？

日本親会社が海外子会社株式を売却し，譲渡益を計上した場合，日本で課税されるのは当然として，**海外子会社の所在地国でも（日本親会社が）課税されることがある**点に注意が必要です（図表Ⅱ-25-1参照）。

具体的に，日本親会社が海外で課税されるのは，中国子会社のケースのように，①海外の税法で，自国の会社の株式（持分）が売買対象となった場合の譲渡益課税の規定があり（一般に「事業譲渡類似株式の譲渡益課税」と呼ばれます），かつ，②租税条約でそれが排除されていない場合です。

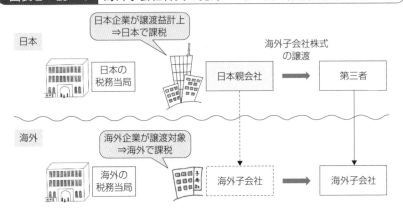

図表Ⅱ−25−1　海外子会社株式の売却──どの国で譲渡益課税されるか

海外で課税されたら外国税額控除で二重課税解消！

　譲渡益が発生し，日本での課税に加えて，仮に海外でも課税が行われた場合，譲渡益に対する二重課税が発生していることになります。

　この場合，現地で課税された法人所得税については，基本的に日本において外国税額控除の対象となります（4参照）。したがって，外国税額控除の枠が十分にある場合には，二重課税が排除されます（図表Ⅱ−25−2参照）。

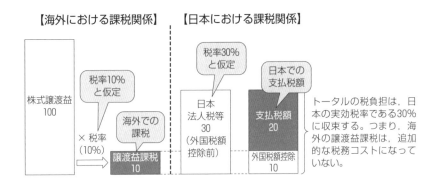

図表Ⅱ−25−2　海外子会社株式の譲渡益課税に対する外国税額控除のイメージ

海外子会社を清算する

Point
- 日本親会社が海外子会社を清算する場合，清算に伴う損益の一部が「みなし配当」となり，思ったほど課税が発生しないことがある。

　海外事業から撤退する場合，海外子会社の売却先がなければ，海外子会社を清算せざるを得ません。この場合，海外子会社は資産の処分等を進め，最終的には日本親会社に対して残余財産の分配を行うことになります。

　海外子会社を清算する際のポイントは，売却の場合と同様，(1)日本の税法と(2)海外の税法の両方を考慮することといえます。

日本で課税される？

　海外子会社を清算する際の（日本親会社の）日本における課税関係は若干複雑になります。会計上は，海外子会社株式の簿価を残余財産の分配により回収し，回収額が投資簿価を上回れば清算益，下回れば清算損というのが一般的な認識といえるでしょう（図表Ⅱ－26－1参照）。

図表Ⅱ－26－1　海外子会社の清算損益のイメージ

この大小関係で清算による損益が決まる

海外子会社 B/S

| 資産 | 負債 |
| | 純資産 |

残余財産分配　＞＝＜　投資簿価

日本親会社 B/S

| 資産 | 負債 |
| 子会社株式 | 純資産 |

　しかしながら，**税務上は，この清算損益を①みなし配当と②株式譲渡損益という2種類の損益に分解する**必要があります。

　ここで，①みなし配当は基本的に外国子会社配当益金不算入制度の適用

により95％益金不算入となる一方，②株式譲渡損益はそのまま損金または益金に算入されるため，海外子会社の清算による日本親会社の課税所得へのインパクトは，会計上の清算損益とは大きく異なる場合があります。

数値例で教えて！日本での課税関係

①みなし配当と②株式譲渡損益は，それぞれ以下のように計算されます。

> ①　みなし配当＝払戻金額－対応する資本金等(注)
> ②　株式譲渡損益＝（払戻金額－みなし配当）－譲渡原価
> (注)　資本金等とは，株主等から出資を受けた金額をいい，概念的には，海外子会社の貸借対照表上の資本金と資本剰余金の合計に対応します。

海外子会社が残余財産を全額配当した場合を考えてみるとわかりやすいのですが，①みなし配当は，単純化していえば，海外子会社の利益積立金に対応する部分となります（だからこそ，みなし「配当」という言い方もできます）。

一方，②株式譲渡損益を計算するうえで，「払戻金額－みなし配当」は要するに海外子会社の資本金等に対応する部分です。したがって，株式の譲渡損益は，その簿価（つまり，譲渡原価）と海外子会社の資本金等との大小関係により決まります。

この計算は複雑に見えるので，ここでは単純化した数値例を使います。

> 【前提条件】
> ・海外子会社純資産＝1,000（＝資本金等100＋利益積立金900）
> ・日本親会社における海外子会社株式簿価＝1,000

この場合，配当源泉税の影響を無視すると，ちょうど投資簿価が回収され，いわゆる清算損益はゼロになりますが，税務上は①みなし配当と②株式譲渡損益の計算が必要です（その計算と，結果としての課税所得インパ

クトについては，図表Ⅱ-26-2参照）。

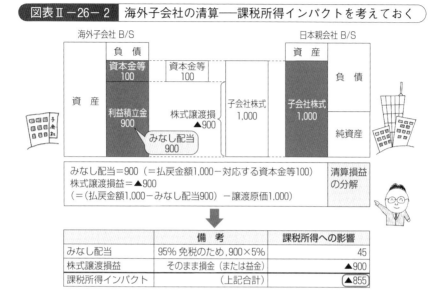

図表Ⅱ-26-2　海外子会社の清算──課税所得インパクトを考えておく

	備　考	課税所得への影響
みなし配当	95％免税のため，900×5％	45
株式譲渡損益	そのまま損金（または益金）	▲900
課税所得インパクト	（上記合計）	▲855

　結論としては，会計上の清算損益がゼロであるにもかかわらず，税務上は▲855だけ課税所得が圧縮される（つまり，節税につながる）ことになります。

海外で課税される？

　海外子会社の清算に伴い，海外でもみなし配当課税が行われ，配当源泉税が課されることがあります。

　外国子会社配当益金不算入制度が適用される場合，日本親会社側では，この配当源泉税は外国税額控除の対象とならず，純粋な税務コストとなります。

パターン B

どちらが得ですか？
──損得を考えてみる

　海外事業については，その事業形態や取引形態に様々な選択肢があるため，事業上の判断はもちろん，税務上の判断が求められる局面もあります。

　例えば，海外進出にあたっては，支店形態と子会社形態のいずれをとるかという選択肢があり，現地企業の買収による子会社化にあたっては，株式買収と資産買収のいずれによるか，という選択肢もあります。また，海外子会社から資金を還流させるにあたっては，配当と利息のいずれによるか，また，海外事業からの撤退にあたっても，海外子会社を清算するか売却するか等の選択を求められます。

　このような選択肢については，まずは事業の観点から検討されるべきものですが，「どちらが得か」という判断に際しては，当然ながら税務の観点も必要になります。

　すなわち，「税務コストが安いのはどちらか」という観点がまず重要になりますが，それとともに「同じ税務コストであれば，リスクが低いのはどちらか」という税務リスクの観点も必要になります。

　ここでは，主として税務上の判断が重要になる局面について，選択のポイントを解説します。

27　海外で税金を取られたら…(外国税額控除 vs. 損金算入)

Point

- 外国税額控除と損金算入を比較すると，通常は外国税額控除のほうが有利。
- ただし，今後，継続的に欠損が発生し，外国税額控除の枠が発生しない見込みの場合には，損金算入も検討の余地がある。

海外で税金を取られた場合の選択肢は？

「海外で税金を取られる」というと，例えば，海外支店が現地で納税をするようなイメージですが，海外に拠点を持っていなくても，海外で税金を取られていることはあります。例えば，海外から何らかの入金（例えば，ロイヤルティなど）を受ける場合，その入金額は現地で源泉徴収されることが多いといえます。

この場合，通常は外国税額控除を適用し，それを日本の税金から差し引きます（パターンA 4 参照）。しかしながら，実際にはもう1つ選択肢があり，その源泉税を損金算入することもできます。つまり，税金から差し引くのではなく，税率を掛ける前の課税所得から差し引くということです。

両者を比較すると，**損金算入は外国法人税（源泉税）の金額を所得からマイナスし，一方で税額控除は同額を税額からマイナスするため，基本的には外国税額控除が有利**になります。これが外国法人税の損金算入があまり議論されない理由です。

図表II-27-1は単純化した数値例ですが，外国税額控除の場合は現地の源泉税100が税額から控除される一方，損金算入の場合は同じ100が課税所得から控除され，税額へのインパクトは税率30％を乗じた30になります。したがって，損金算入を選択した場合，外国税額控除の場合と比較して税額ベースで70（＝外国法人税100×(1－税率30％)）だけ不利になります。

図表Ⅱ−27−1　外国税額控除と損金算入の選択

【前提条件】
- 海外からのロイヤルティの受取り　1,000
- 日本の税率30％，海外の使用料源泉税率10％

【外国法人税】
- 外国法人税＝100（＝ロイヤルティ1,000×源泉税率10％）

	外国税額控除	損金算入	
税引前利益	1,000	1,000	所得からマイナス
外国法人税（損金算入）	−	▲100	
課税所得	1,000	900	税額からマイナス
日本における税額（外国税額控除前）	300	270	
外国税額控除	▲100	−	
日本における税額（外国税額控除後）	200	270	

選択のポイントは？

　外国税額控除のほうが有利なのは上記のとおりですが，常に外国税額控除を選択すべきということにはなりません。**外国税額控除と損金算入の選択のポイントは，将来の所得や税金の発生見込みによります。**

　これは，外国税額控除で引ききれない場合の控除限度超過額の繰越期間が3年しかなく，その間に控除限度額が発生することが必要になるためです（パターンA4参照）。

　したがって，控除限度額の発生が見込めない場合（継続的に欠損が発生することが予想されるような場合）には，外国税額控除の限度超過額を繰り越しても，3年以内にその限度超過額を使えず，結果として無駄にしてしまう可能性が高いといえます。このような場合には，損金算入を選択し，10年（2016年度税制改正後）と繰越期間の長い繰越欠損金の形にしておくことも実務的には考えられます（図表Ⅱ−27−2参照）。

　ただし，損金算入を選択した場合には，その時点まで繰り越してきた控除限度超過額や控除余裕額はその時点で消滅することになるので，過去から繰り越されてきた限度超過額などがある場合は，特に慎重な判断が求められます。

図表Ⅱ−27−2　外国税額控除と損金算入の選択──将来所得が見込めない場合

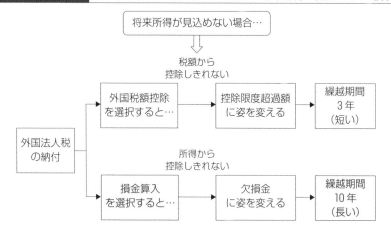

豆　知　識

外国税額控除は使えそう？

　外国税額控除を選択するかどうかの判断は，「ここまで控除してよい」という外国税額控除の控除限度額の状況に依存します。

　そして，その控除限度額の主な計算要素は，支払税額と国外所得金額です（パターンA 4 参照）。そのため，将来の控除限度額の発生予測にあたっては，「将来において所得（及び支払税額）がどれだけ発生しそうか」，「そのうち海外からのロイヤルティなどの国外所得はどれくらいになりそうか」を見積もらなければなりません。

　この見積りは税務部門だけではできず，実務的にも非常に難しいものです。しかしながら，控除限度額を常に管理しておかないと，外国税額控除と損金算入との正しい比較ができず，税務効率化のチャンスを逃してしまう可能性があります。

28　海外に本格的に進出することになったら…（支店 vs. 子会社）

 ・海外拠点の立ち上げ当初など，現地で赤字が計上される見込み
　　　　　　の場合には，その赤字を日本本社の黒字と相殺できる支店形態
　　　　　　のほうが有利。
・現地で黒字が計上される見込みの場合には，その黒字が日本の
税率で課税されない子会社形態のほうが有利。

進出形態の選択肢は？

　本格的に海外進出する際の選択肢として，支店形態による進出がありま
すが，支店形態を経由せず海外子会社を設立するという選択肢もあります。
税務の観点から両者を比較すると図表Ⅱ−28−1のようになります。

図表Ⅱ−28−1　支店形態と子会社形態の選択

	支　店	子会社	
現地で黒字の場合	日本の税率（高税率）で課税	現地の税率で課税	一般的に子会社が有利
優遇税制	基本的に適用できない	適用できる可能性がある（特に製造子会社の場合）	
現地で赤字の場合	日本本社の黒字と通算できる	日本親会社の黒字と通算できない（ただし，一般に欠損金は繰越可）	一般的に支店が有利
剰余金の日本への送金	日本本社への送金は基本的に現地で源泉税が課されない	日本親会社への配当は現地で源泉税が課されることが多い	
二重課税の調整	外国税額控除	外国子会社配当益金不算入制度	

選択のポイントは？

　支店形態と子会社形態の選択のポイントは，その海外拠点の損益見込み
によります。

(1)　現地で赤字見込みの場合

　海外拠点の立ち上げ当初は，現地で赤字が計上されるのが通常ですが，このような場合，**支店形態であれば，すぐにその赤字を日本本社の黒字と相殺できます**。これは海外支店が日本企業の一部であり，海外支店の赤字は日本企業の法人税等の所得計算にそのまま取り込まれるためです。

　一方，子会社形態の場合，将来，現地でその繰越欠損金を使用できる可能性はありますが，現地での赤字をすぐに活用できるわけではありません。

(2)　現地で黒字見込みの場合

　海外拠点において，**当初から黒字が見込まれるのであれば，子会社形態のほうが有利になる可能性が高い**といえます。これは，日本企業の一部である支店形態の場合，いくら現地の税率が低くても，結局は日本の高税率で課税されてしまうためです（パターン A 8 参照）。

　一方，子会社形態の場合，基本的に現地の税率による課税となります。また，進出先国によっては，外資を誘致している地域に子会社を設立することで，優遇税率の適用等の税務上のメリットを得ることもできます。

豆 知 識

海外支店はなぜ危ない？

　税務の観点だけでいうと，支店形態で海外進出して，ちょうど現地の事業が黒字化する頃に子会社を設立するという形が効率的と考えられます。

　しかしながら，実際には，支店形態と子会社形態の選択にあたり，支店の法務リスクを考慮することが多いといえます。つまり，法人格でみると，支店はあくまでも日本企業の一部であるため，海外支店が訴訟の対象となれば，それは日本企業が訴訟の対象となっていることを意味します。一方，海外子会社が訴訟の対象となる場合，主体はあくまでも海外子会社であるため，日本親会社は一義的には訴訟の対象とはならず，いわゆる株主責任を考えればよいことになります。

29　海外で買収を行うことになったら…（株式買収 vs. 資産買収）

Point
- 繰越欠損金や優遇税制など，買収対象会社が持つベネフィット を引き継ぎたい場合には，株式買収の形態が有利。
- 潜在的な税務リスクなど，買収対象会社のリスクを切り離した い場合には，資産買収の形態が有利。

買収形態の選択肢は？

　子会社形態による海外進出を決めた場合，現地に新たに子会社を設立す るか，それとも現地企業を買収するかは主に経営判断の問題といえます。

　しかしながら，海外で買収を行うことを意思決定した場合，現地企業の 株式を取得する**株式買収**と（現地に新会社を設立のうえ，）現地企業から 資産（及び関連する負債）を取得する**資産買収**のいずれかの形態を選択す る必要があり（図表Ⅱ−29−1参照），この判断には税務上の要素が大き く関わってきます。

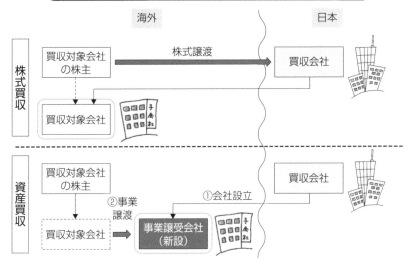

図表Ⅱ−29−1　株式買収と資産買収──誰が何を買うか

通常は株式買収の形態がとられることが多いと思われますが，資産買収の形態も検討することが重要であり，その選択にあたって検討すべき事項の全体像は図表Ⅱ-29-2のとおりです。

図表Ⅱ-29-2　株式買収と資産買収の選択──判断の全体像

分野	要検討事項	株式買収	資産買収
ビジネス	従業員等の人的資源や会社の仕組み（組織）をそのまま引き継ぎたい	○	×
	取得する資産・負債を取捨選択したい	×	○
税務	買収対象会社の繰越欠損金や優遇税制を引き続き利用したい	○ （注1）	×
	「のれん」などの償却費を通じて将来の課税所得を圧縮したい	×	○ （注2）
法務	買収対象会社が保有する契約やライセンスを維持したい	○	×
	簿外債務や偶発債務を法的に切り離したい	×	○

（注1）　株主変更が繰越欠損金や優遇税制に影響を与えない場合
（注2）　税務上ののれんの償却を認める国の場合

選択のポイントは？

株式買収と資産買収の選択のポイントは，「**買収対象会社のベネフィットを引き継ぎたい場合には株式買収の形態をとり，買収対象会社のリスクを切り離したい場合には資産買収の形態をとる**」ということになります。

⑴　株式買収の場合

株式買収の場合は，基本的に買収対象会社が有する権利義務がそのまま引き継がれることになります。したがって，買収対象会社が繰越欠損金を保有している場合や優遇税制の適用を受けている場合，さらには事業に必要な多数のライセンスを有している場合などは，株式買収が有利になります。

ただし，株式買収の場合，買収対象会社の過去の処理に起因する租税債務や潜在的な税務リスクが切り離せない点に注意が必要です。

(2)　資産買収の場合

　資産買収の場合，海外子会社は，基本的に新会社としてフレッシュ・スタートになります。したがって，買収対象会社の過去の処理に起因する租税債務や潜在的な税務リスクを切り離せるため，例えば税務上の問題が多い買収対象会社の場合に有効な手法といえます。

　ただし，資産買収の場合，買収対象会社の繰越欠損金や優遇税制は基本的に引き継ぐことができません。

┌─ 豆 知 識 ──────────────────────────────┐

資産買収はなぜ憂鬱か？

　「事業は魅力的だがリスクが高すぎる」という現地企業を買収する場合，実務上は資産買収を選択することが多いといえます。

　しかしながら，この資産買収は，買収側の実務担当者にとっても，税務アドバイザーにとっても，非常に憂鬱なものです。というのも，企業を丸ごと買収できる株式買収とは異なり，資産買収の場合には，買収する資産を個別に特定していく必要があり，かなりの手間を要します。また，各資産の買収にあたって，現地で付加価値税（日本の消費税のようなもの）が課税されることも多く，しかもその還付が必ずしもスムーズにいかないなど，頭の痛い問題が起こりがちであるためです。

30 海外から資金を還流させることになったら…(配当 vs. 利息)

- 配当還流と利息還流を比較すると，通常は配当還流のほうが有利。
- ただし，海外子会社所在地国の実効税率や配当源泉税率が高い場合，また，日本親会社に繰越欠損金がある場合，利息還流が有利になる可能性がある。

資金還流の選択肢は？

　海外子会社への資金の供給方法には出資と融資があり，出資の形で資金を供給した場合，海外子会社の利益は配当として回収することになる一方（パターンA21参照），融資の形で資金を供給した場合，海外子会社の利益は利息として回収することになります（パターンA22参照）。

　配当による利益還流と利息による利益還流の課税関係は，図表Ⅱ-30-1のとおりです。

図表Ⅱ-30-1　配当還流と利息還流の選択

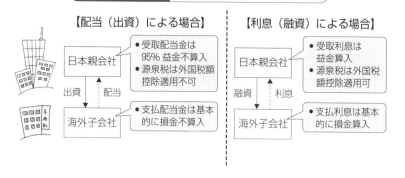

選択のポイントは？

　配当還流と利息還流を比較するときに必要になる主な情報は，図表Ⅱ-30-2のとおりです。

図表Ⅱ-30-2　配当還流と利息還流の選択——ここがポイント

	検討すべきポイント	配当還流と利息還流どちらが有利か？
①	現地の（所得に対する）税率	低ければ，配当還流が有利 高ければ，利息還流が有利
②	現地の配当源泉税率	低ければ，配当還流が有利 高ければ，利息還流が有利
③	日本親会社の繰越欠損金	なければ，配当還流が有利 あれば，利息還流が有利

(1)　配当還流が有利になる場合

　配当還流と利息還流を比較した場合，まず一般的には，**①海外子会社の所在地国が低税率の場合には，配当還流のほうが有利**になる傾向にあります。これは，外国子会社配当益金不算入制度の存在により，海外子会社の税引後利益をほとんど追加の税負担なしに日本に戻すことができ，海外子会社の低税率をそのまま生かせるためです。

　逆に，このような場合に利息還流によると，相対的に高税率の日本親会社側で受取利息（益金）を計上して法人税を支払う一方，相対的に低税率の海外子会社側で支払利息（損金）を計上して法人税をセーブすることになるので，税務的に見て非効率になります（図表Ⅱ-30-3参照）。

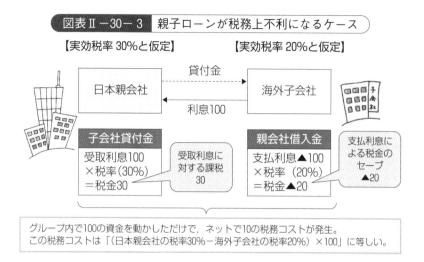

図表Ⅱ－30－3　親子ローンが税務上不利になるケース

【実効税率30％と仮定】　　　　【実効税率20％と仮定】

グループ内で100の資金を動かしただけで，ネットで10の税務コストが発生。
この税務コストは「（日本親会社の税率30％－海外子会社の税率20％）×100」に等しい。

(2)　利息還流が有利になる場合

　(1)とは逆に，海外子会社の所在地国が高税率の場合には，利息還流が有利になります。しかしながら，第Ⅰ部1で見たとおり，日本は世界有数の高税率国であり，そもそも日本より税率が高い国はあまりありません。

　それ以外では，海外子会社の所在地国が低税率の場合でも，②**配当源泉税率が高いケースでは，利息還流を検討する価値があります**。これは，外国子会社配当益金不算入制度の下では，配当源泉税が日本親会社にとって税務コストとなるため，配当源泉税率が高いと，配当還流が相対的に不利になるからです。

　また，③**日本親会社に繰越欠損金が多額にある場合には**，受取利息の益金算入の影響がない（小さい）ことから，**利息還流が有利**になる可能性はあります（パターンC40参照）。

　ただし，利息還流を選択する場合，実務的には，海外子会社側での利息の損金性が制限されるケースがある点に注意が必要です。

31 海外から撤退することになったら…(売却 vs. 清算)

 Point
- 海外子会社の売却による撤退と清算による撤退を比較すると, 税務の観点からのみであれば, 清算による撤退のほうが有利。

事業撤退の選択肢は？

　海外からの事業撤退の選択肢としては, 大きく分けて, 海外子会社の(1)売却と(2)清算があります (図表Ⅱ-31-1参照)。

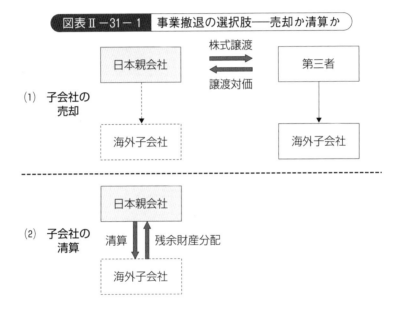

図表Ⅱ-31-1 | 事業撤退の選択肢——売却か清算か

　(1)海外子会社を売却する場合には, 買手側のデュー・デリジェンスを受けることになり, そのための対応が必要となりますが, 取引としては株式を譲渡するだけなので, プロセスはシンプルです。

　一方, (2)海外子会社を清算する場合には, (特に新興国においては) 清算の法的な手続きに時間を要することがあるほか, 清算の条件となる税務調査が長期に及ぶことがあり, 一般に手続きはより煩雑になります。

したがって，全般的な手続面を考えると，海外子会社の売却先があるの
であれば，海外子会社を清算するよりも，売却するほうが，よほど手間が
かからず，スムーズに進むものと考えられます。

選択のポイントは？

しかしながら，**税務の観点からは，海外子会社を売却するよりも清算す
るほうが，有利な結果になることが多い**と考えられます（特に譲渡益の
ケース）。

この点は，「海外子会社株式の売却価額（譲渡対価）がその純資産価額
に等しい」と仮定するとわかりやすいと思われます。

まず，⑴売却の場合，①売却価額と②子会社株式簿価の差額全額が譲渡
益となり，日本の税率で課税されます（パターンA 25 参照）。また，海外
でも課税され，外国税額控除がうまく機能しない場合には，より税負担が
重くなるケースもあります。

一方，⑵清算の場合，①純資産価額（売却の場合の売却価額）と②子会
社株式簿価の差額のうち，子会社株式の譲渡損益部分は日本の税率で課税
されますが，みなし配当部分は，外国子会社配当益金不算入制度が適用さ
れれば，95％益金不算入となります（ただし，海外で配当源泉税が課され
る可能性はあります。パターンA 26 参照）。

つまり，清算の場合には，売却であれば全額課税される部分の一部が，
（みなし配当として）95％益金不算入となるため，課税関係としては有利
になるということです（図表Ⅱ－31－2及びパターンA 26 の数値例参照）。

図表Ⅱ－31－2　海外子会社の売却と清算の選択——なぜ清算が有利になりやすいのか

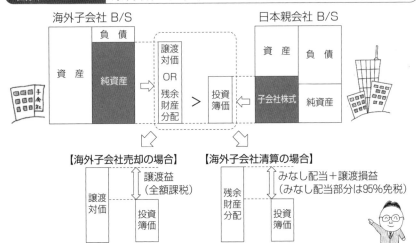

パターン C

どうにかして税金が安くならないですか？──節税策を考えてみる

海外子会社の税率（支払税額）を引き下げてみよう

グループ全体の税金を安くするためには，まず，子会社の税率（支払税額）を引き下げることが考えられます。具体的には，低税率国に子会社を設立したり，子会社に優遇税制を適用させたり，といった対応があります。

また，税率の引下げが難しい場合には，繰越欠損金の利用，例えば，欠損金を持っている現地企業の買収などが考えられます。

海外子会社に利益を付け替えてみよう

日本は世界有数の高税率国であるため，グループ全体の所得について，海外子会社により多く配分されるように調整すれば，海外子会社の税金が多少増えても，日本親会社の税金がそれ以上に減ることになります。

日本親会社に利益を付け替えてみよう

日本親会社が多額の繰越欠損金を有している場合には，通常とは逆に，日本親会社に利益を付け替えることにより，グループ全体の税負担を引き下げられる可能性があります。

日本親会社への利益の戻し方を考えてみよう

海外子会社から配当により利益を還流させる際，中間持株会社を間に挟むなどして配当の経路を変更すると，配当に伴うグループとしての税負担が小さくなることがあります。また，海外子会社を売却する場合，海外子会社に事前に配当させることで，「売却益」をより有利な「配当」の形に変えられる可能性があります。

32 タックス・ヘイブンに子会社を設立してみる

Point
- タックス・ヘイブンと呼ばれる地域に子会社を設立すると，子会社自体には税負担は発生しない。
- ただし，その子会社に関して，日本でタックス・ヘイブン対策税制による合算課税が行われる可能性が高い。

こうしたら得ですか？

　海外子会社も含めたグループの税引前利益については，できるだけ税率の低い国に配分するのが基本的な考え方です。

　日本は世界有数の高税率国ですが，日本企業は基本的には日本で事業を行わざるをえないので，「海外子会社をどこに置くか」が検討の中心になります。安直な考えですが，まず思いつくのは，ケイマン諸島やヴァージン諸島など，タックス・ヘイブンと呼ばれる地域です。

　このようなタックス・ヘイブンに子会社を設立すると，どうなるでしょうか。子会社で支払税金が発生しないので，グループ全体の実効税率を引き下げることができるでしょうか。

ここに落とし穴が…（タックス・ヘイブン対策税制）

　答えは，基本的にNoです。

　順を追って説明しましょう。まず，子会社をタックス・ヘイブンに設立する場合，その子会社は基本的に，いわゆる「ペーパー・カンパニー」に該当します。例えば，ケイマン諸島で通常の事業を営むことは考えづらいからです。

　このような状況では，**タックス・ヘイブンに所在する海外子会社は，ほぼ確実に日本のタックス・ヘイブン対策税制の合算課税の対象となり，海外子会社の所得は，結果的に日本で（日本親会社の所得の一部として）課税される**ことになります（図表Ⅱ-32-1参照）。

図表Ⅱ-32-1　タックス・ヘイブン対策税制による合算課税のイメージ

【実効税率30%と仮定】

課税所得計算

日本親会社

事業活動による
利益＝0とする

合算課税　　　100
＝課税所得　　100
⇒税金　　　▲30

結局，ケイマン子会社の
100 の所得に対して，日
本の税率30%で課税され，
▲30の納税が必要になる

税制による合算課税

タックス・ヘイブン対策

【実効税率0％と仮定】

利益100の場合

ケイマン子会社

事業活動による
利益＝100とする

税引前利益　　100
税金　　　　　－
税引後利益　　100

ここはガマン！
制度の概要　　タックス・ヘイブン対策税制

タックス・ヘイブン対策税制とは？

　タックス・ヘイブン対策税制の基本的なメッセージは，「**低税率国の海外子会社でお金を稼いでも，ちゃんと日本で課税しますよ**」ということです。

　つまり，低税率国に所在する海外子会社を利用した租税回避行為を防止することを目的として，低税率国の海外子会社の所得を日本親会社の所得と合算して，日本で課税する税制をいいます。

　なお，タックス・ヘイブン対策税制は，外国子会社合算税制やCFC税制（CFCは，Controlled Foreign Companyの略）と呼ばれることもあります。

　このタックス・ヘイブン対策税制については，OECDの**BEPS**プロジェクトを受けて（第Ⅰ部4参照），2017年度税制改正により大幅な改正が行われ，その後も継続的な改正が行われています。

　まず，このタックス・ヘイブン対策税制が適用される可能性があるのは，**外国関係会社**（Keyword参照）の株式等の10％以上を直接及び間接保有している場合，または実質支配している場合などです。

Keyword

外国関係会社

　外国関係会社とは，外国法人のうち発行済株式総数等の50％超を内国法人等に保有されているもの，または実質支配されているものなどを指します。

　そして，外国関係会社のうち，**特定外国関係会社**（Keyword参照）については，基本的に（会社単位の）合算課税の対象となります。ただし，租税負担割合による適用免除があり，**租税負担割合が30％以上の場合には合算課税は行われません**。

Keyword

特定外国関係会社

　特定外国関係会社とは，以下に該当する外国関係会社をいいます。

　⑴　ペーパー・カンパニー

　⑵　事実上のキャッシュ・ボックス

　⑶　ブラックリスト国所在会社

　⑴は文字どおりの意味合いです。ただし，2019年度税制改正により，海外ビジネスで一般的に用いられる実態があり，かつ租税回避リスクが限定的である一定の外国関係会社について，ペーパー・カンパニーの範囲から除外されています（以下の「豆知識」参照）。

　⑵は総資産に対する受動的所得や金融資産等の割合が高く，経済活動が十分に行われていないタイプの会社を意味し，⑶は，租税の透明性に関して一定水準に満たない国を財務大臣が指定します。

　また，外国関係会社のうち，**対象外国関係会社**（Keyword参照）についても，（会社単位の）合算課税の対象となりますが，同様に租税負担割合による適用免除があり，**租税負担割合が20％以上の場合には合算課税は行われません**。

Keyword

対象外国関係会社

　対象外国関係会社とは，特定外国関係会社以外の外国関係会社のうち，経済活動基準（後述）を充足しないものをいいます。

　したがって，簡単にいうと，「税率が20％未満（ペーパー・カンパニーなどの場合は30％未満）の国に所在し，日本資本が過半を占めるような会社」の株式を10％以上保有するケースなどで，タックス・ヘイブン対策税制による合算課税の対象となるリスクを負うことになります。

租税負担割合とは？

　上記の適用免除の判定に際して，30％または20％という基準と比較すべき**租税負担割合**は，各国の法定税率ではなく，その**外国関係会社固有のもの**であり，大まかにいうと，以下の算式で計算されます。

$$租税負担割合 = \frac{所得に対して課される外国法人税}{現地法令上の課税所得 + \substack{非課税所得 \\ （ただし，非課税配当は除く）}}$$

　分母について，課税所得だけではなく，現地で税金が課されない非課税所得が含まれている点がポイントです（ただし，非課税配当は除外されています）。

経済活動基準とは？

　タックス・ヘイブン対策税制には「経済活動基準」（図表Ⅱ－32－2参照）があり，特定外国関係会社以外の外国関係会社が会社単位の合算課税を回避できるケースが定められています。

| 図表Ⅱ－32－2 | 経済活動基準の概要――これを充足すればひとまず合算課税は回避 |

経済活動基準	チェックする内容
(1) 事業基準	外国関係会社の主たる事業が株式等の保有等の一定の事業に該当しない
(2) 実体基準	外国関係会社が，その本店所在地国に事務所，店舗，工場その他の固定施設を有している
(3) 管理支配基準	外国関係会社が，その本店所在地国において，その事業の管理，支配及び運営を自ら行っている
(4) 非関連者基準	外国関係会社が，その事業を主として非関連者との間で行っている
OR (4) 所在地国基準	外国関係会社が，その事業を主として本店所在地国において行っている

　具体的には，必須の要件として，(1)事業基準，(2)実体基準，及び(3)管理支配基準があり，さらに，その外国関係会社の業種に応じて，(4)非関連者基準または所在地国基準のいずれかを満たす必要があります。

　この**経済活動基準**は，単純にいうと，**外国関係会社が会社全体として，いわゆる「能動的所得」を得るために必要な経済活動の実体を備えているかどうかを判断するもの**です。つまり，そのような実体がある場合には，タックス・ヘイブン対策税制による合算課税は行われない形となっています。

受動的所得とは？

　外国関係会社のうち，特定外国関係会社以外で，租税負担割合が20％未満のものについては，経済活動基準を充足すれば会社単位の合算課税の対象とはなりません。

　しかしながら，経済活動基準を充足したとしても，一定の利子や配当等の「**受動的所得**」と呼ばれる一定の所得は合算課税の対象となります（このような外国関係会社は「**部分対象外国関係会社**」と呼ばれます）。

　ここでいう**受動的所得とは，外国関係会社が自ら積極的に活動しなくても得ることができる所得という意味合い**であり，具体的には一定の配当・利子・無形資産等の使用料などの12種類の所得類型があります。

　単純にいうと，外国関係会社に資産運用させると，運用益がこの受動的所得

の合算課税に引っかかるということです。この受動的所得の範囲は2017年度税制改正により拡大されているので，特に注意が必要です。

合算課税のイメージは？

特定外国関係会社及び対象外国関係会社について，タックス・ヘイブン対策税制により，会社単位の合算課税が行われる場合，その合算課税の対象となる金額は，外国関係会社の所得に一定の調整を加えて，日本親会社の直接・間接の保有割合を乗じることにより計算されます。

まとめると…

以上をまとめると，図表Ⅱ－32－3のとおりです。

図表Ⅱ－32－3　タックス・ヘイブン対策税制の全体像（判定手順）

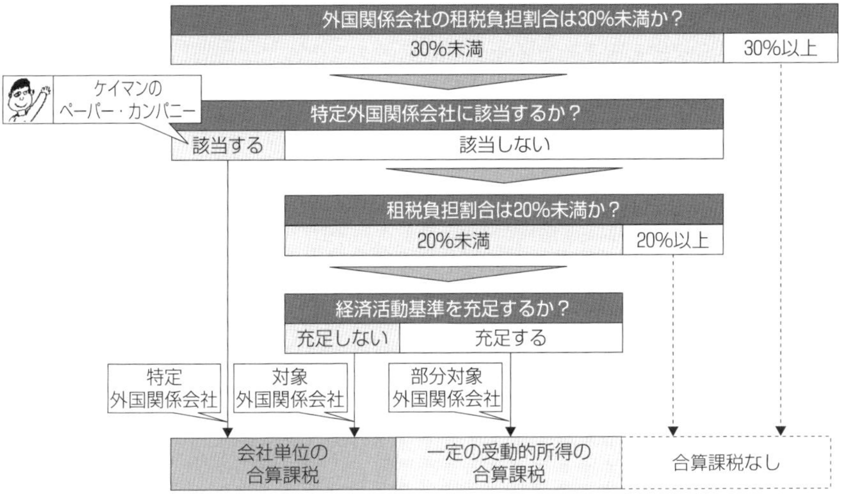

上記から，ケイマン諸島などに所在する海外子会社（ペーパー・カンパニー）は「外国関係会社」のうち「特定外国関係会社」に該当し，租税負担割合は当然30％未満となるので，「（会社単位の）合算課税」の対象になります。

つまり，せっかくケイマン諸島で無税の利益（所得）を稼いでも，その

利益は（タックス・ヘイブン対策税制という日本の税制に基づいて）日本親会社の所得に合算され，日本の高税率で課税されてしまうということです。

豆知識

2019年度税制改正によるペーパー・カンパニーの範囲の変更

　タックス・ヘイブン対策税制については，2017年度税制改正において，制度の枠組みに関する大きな改正が行われ，「特定外国関係会社」という区分が新たに設けられました。

　この特定外国関係会社には「ペーパー・カンパニー」が含まれますが，その後の2019年度税制改正において，このペーパー・カンパニーの範囲が変更されています（米国の連邦法人税率の引下げを受けた改正）。

　「ペーパー・カンパニー」というと何となく響きが悪いですが，海外事業においては，ペーパー・カンパニーが一般的に用いられている実態があります。例えば，倒産隔離等の目的からブロッカーとしての持株会社に利用するケースや，管理や売却手続き等の簡易化の目的から不動産保有会社に利用するケースがこれに該当します。

　そこで，このように租税回避リスクが限定的である一定の外国関係会社について，ペーパー・カンパニーの範囲から除外した，というのが2019年度税制改正の趣旨です。

　具体的には，このような持株会社（合算対象とならない子会社配当等が収益の大部分である外国関係会社等）や不動産保有会社（実体のあるビジネスで使用される本店所在地国の不動産を源泉とするものが収益の大部分である外国関係会社等）などが一定の要件を満たせば，特定外国関係会社としてのペーパー・カンパニーには該当しないこととされています。

　なお，これにより特定外国関係会社に該当しないと判定された場合でも，租税負担割合が20％未満で経済活動基準が充足できなければ，結局は（対象外国関係会社として）会社単位の合算課税の対象になります（前掲の図表Ⅱ－32－3参照）。そのため，租税負担割合が20％以上になりやすい国（米国など）の外国関係会社について，特に意味のある改正と考えられます。

33 海外子会社に優遇税制を活用させてみる

- 海外子会社が優遇税制を適用できれば，現地での税負担は小さくなる。
- ただし，日本のタックス・ヘイブン対策税制に注意が必要。

こうしたら得ですか？

　タックス・ヘイブンに子会社を設立するといった極端な方法をとらないのであれば，通常の事業が行えて，かつ，税率も低い国に子会社を設立するのが税務上は効率的です。例えば，アジアでは，香港やシンガポールは実効税率が17％近辺であり，極めて低い水準といえます。また，英国は実効税率が19％，タイ・ベトナム・台湾といった国々も実効税率は20％程度です。

　また，取引先との関係など，事業上の必要性から，より税率の高い国に進出せざるをえない場合でも，進出先が新興国であれば，優遇税制の適用により実効税率を引き下げることができるかもしれません。

　すなわち，新興国は，税制上の優遇措置により外資誘致を進める傾向があるので，多くの国で何らかの優遇税制を有しています。優遇税制のタイプは多岐にわたりますが，典型的なのは一定期間法人所得税を減免する制度であり，一般に"tax holiday"と呼ばれます。**海外子会社に低い優遇税率が適用される場合**，その実効税率は法定税率よりも低くなり，**税率の低い国に子会社を設立するのと同様の効果**が得られます。

ここに落とし穴が…（タックス・ヘイブン対策税制）

　この場合に注意すべきポイントは，**日本のタックス・ヘイブン対策税制**（32参照）**の適用**です。つまり，海外子会社に優遇税制を適用させて，グループ全体の実効税率を引き下げる場合でも，ケイマン諸島などに子会社を設立する場合と同様，タックス・ヘイブン対策税制には注意を払う必要

があるということです。

　これは，同税制の適用免除の判定（30％以上または20％以上）が，各国の法定税率ではなく，以下の算式のように，その海外子会社（外国関係会社）固有の租税負担割合，すなわち，優遇税率の適用後の税率で行われるためです。

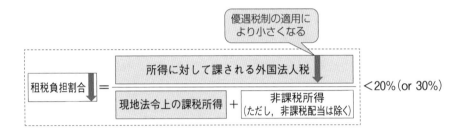

　ただし，この場合，ケイマン諸島などに設立した子会社の場合とは異なり，海外子会社は通常の事業を行っているはずなので，ペーパー・カンパニーなどの特定外国関係会社（32参照）には該当せず，経済活動基準を充足できる可能性があります。この経済活動基準さえ満たせば（会社単位の）合算課税はないため，その充足状況は常に確認すべきといえます。

豆 知 識

経済活動基準を満たすのは意外に難しい？

　タックス・ヘイブン対策税制の適用の有無について，実際に詳細な検討をしてみると，経済活動基準を満たすのが意外に難しいことがわかります。ケイマン諸島に置いたペーパー・カンパニーなどは論外ですが，実際に，通常の事業を営んでいる香港子会社などについても，よく合算課税の対象になっています。

　著者の経験では，経済活動基準のうち，特に管理支配基準（外国関係会社が実際に独立して運営されているかの判定）がネックになることが多いように思います。

　この管理支配基準について，具体的には，外国関係会社の①株主総会及び
取締役会等の開催，②事業計画の策定等，③役員等の職務執行，④会計帳簿
の作成及び保管等が行われている場所，⑤その他の状況から判断を行います。
　日本企業の海外子会社については，現地に十分な管理スタッフもおらず，
日本親会社が逐一指示を出しているようなケースが多いと考えられます。そ
のため，上記のような基準で見ると，現地で十分な管理支配が行われていな
いという判断になってしまうのかもしれません。

34　繰越欠損金をたくさん持っている会社を買収してみる

- 繰越欠損金を多額に保有する現地企業を買収すれば，買収後の現地での税負担は小さくなる。
- ただし，買収に伴って繰越欠損金が失効しないかの確認が必要。

こうしたら得ですか？

　海外への進出にあたり，現地企業を買収することを意思決定した場合，一般には，現地企業の株式を取得する株式買収の形態がとられます。

　現地企業が繰越欠損金を保有している場合，株式買収の形態をとれば，その繰越欠損金を将来にわたって使用できます（パターンＢ 29 参照）。すなわち，**買収対象会社がグループ化後に計上する利益（所得）については，その繰越欠損金の範囲内で税金を支払う必要がない**ということです。

　この考え方を一歩進めると，**あえて繰越欠損金を保有している企業を買収する**という考え方がありえます。これにより，買収対象会社のグループ化後の税引後キャッシュ・フローを最大化することができます（図表Ⅱ－34－1参照）。

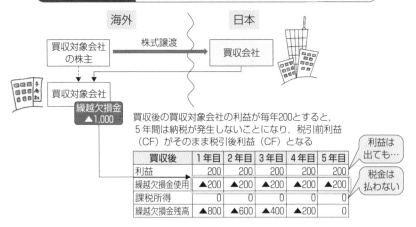

図表Ⅱ－34－1　買収対象会社の繰越欠損金に係る節税効果

ここに落とし穴が…（繰越欠損金の使用制限）

　この場合に注意すべきポイントは，株式買収が繰越欠損金に与える影響です。すなわち，**国によっては，買収により株主が変更になることで，買収対象会社の繰越欠損金が失効する**場合があります（例えば，インドの非上場会社など）。

　また，買収により繰越欠損金が失効しない場合でも，租税回避目的で欠損会社を買収する場合，繰越欠損金の使用を制限する税務上の規定が設けられていることもあります。

　さらに，繰越欠損金が使える場合でも，欠損金の繰越可能期間は国によってまちまちであるため，節税効果の見積りにあたっては，買収対象会社の所在地国における欠損金の繰越期限にも注意する必要があります（例えば，フィリピンでは，欠損金の繰越期間は3年しかありません）。

35 海外子会社に利益を付け替えてみる

Point
- 低税率の海外子会社に所得を移転できれば，グループの税負担は小さくなる可能性が高い。
- ただし，移転価格税制に注意が必要。

こうしたら得ですか？

ここまでは海外子会社の納税を抑える方法を考えてきました。

しかしながら，第Ⅰ部1で見たとおり，日本は依然として世界有数の高税率国であるため，仮に海外子会社が通常の税率で課税されたとしても，日本よりは税率が低いことが多いといえます。

このような状況では，**グループ全体の利益を可能な限り海外子会社に配分するのが効率的**です。例えば，もともと日本親会社（実効税率30％と仮定）に配分されていた利益100を海外子会社（実効税率20％と仮定）に付け替えたとすると，日本親会社の当初納税額は30ですが，これが海外子会社の納税額20に置き換わり，グループとして10の税金をセーブできます（図表Ⅱ－35－1参照）。

図表Ⅱ－35－1　海外子会社に利益を付け替えるとグループの税金が減る

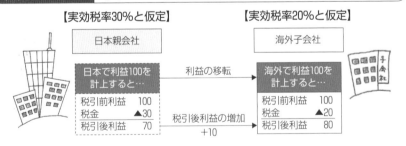

具体的には，海外子会社との棚卸資産取引の価格を調整したり，役務提供の対価やロイヤルティの回収水準を低めにするなどして，税率の高い日本親会社側で所得を減らして法人税をセーブする一方，税率の低い海外子

会社側で所得を増やして法人税を支払う形で，税務上の効率性を追求することになります。

ここに落とし穴が…（移転価格税制）

　この場合，**移転価格税制の視点で，所得が減少する日本の税務当局から問題視される可能性が高い**といえます（パターンＡ[12]参照）。

　移転価格税制の基本的な考え方として，「日本親会社と海外子会社がそれぞれ果たしている機能や負担しているリスクに応じて，リターンが決まるべき」というものがあります。したがって，機能やリスクが変わっていないのに，所得が海外子会社に移転すれば，移転価格リスクが発生していることになります。

　一方で，これを裏返すと，ビジネスの実態として，機能（製造機能・販売機能・研究開発機能など）やリスク（在庫リスク・貸倒リスク・研究開発リスクなど）も同時に海外子会社に移せるのであれば，所得が移転しても移転価格税制の考え方には反しないといえます（図表Ⅱ-35-2参照）。

　ただし，その場合であっても，現実的には無形資産の移転の問題など，クリアすべき課題は多くあります。

図表Ⅱ-35-2　海外子会社に何を移転させるのか――機能やリスクの移転

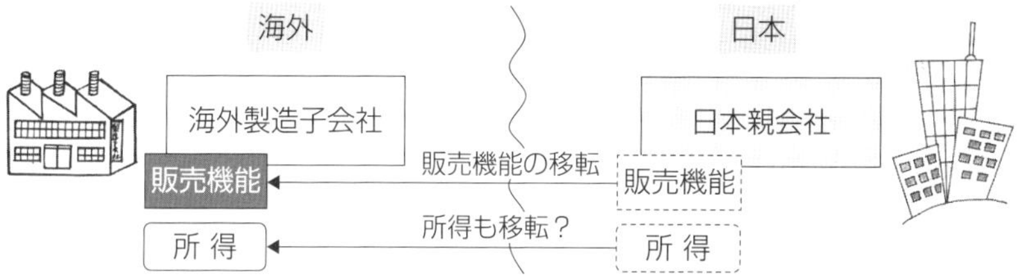

海外　　　　　　　　　　　　　　　　日本

海外製造子会社　　　　　　　　　　日本親会社

販売機能　←──販売機能の移転──　販売機能

所得　←──所得も移転？──　所得

　まとめると，海外子会社への利益の移転については，日本親会社から海外子会社への関連する機能やリスクの移転など，実態の変更を伴うものである必要があります。

36　海外子会社におおっぴらに利益を付け替えてみる

Point
- 海外子会社との取引価格を事後的に修正する価格調整金が使えれば，グループの税負担はよりコントロールしやすくなる。
- ただし，事前の取決めのない価格調整金は損金算入が認められないので，注意が必要。

こうしたら得ですか？

　海外子会社への利益配分については，基本的には海外子会社との取引価格の決定を通じて行われるため，必ずしも当初予定したとおりに利益を配分できるとは限りません。そこで，**実務的には，その予定からの乖離を埋めるために，すでに行われた取引の価格を事後的に変更する**場合もあります（図表Ⅱ－36－1参照）。

　この際，日本親会社と海外子会社（国外関連者）との間でやり取りされる金銭を一般に「価格調整金」と呼びます。

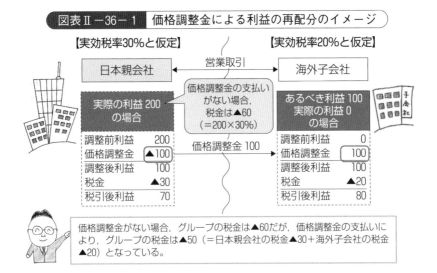

図表Ⅱ－36－1　価格調整金による利益の再配分のイメージ

【実効税率30%と仮定】　　　　　【実効税率20%と仮定】

日本親会社　←営業取引→　海外子会社

価格調整金の支払いがない場合，税金は▲60（＝200×30%）

実際の利益200の場合
調整前利益	200
価格調整金	▲100
調整後利益	100
税金	▲30
税引後利益	70

価格調整金100

あるべき利益100 実際の利益0の場合
調整前利益	0
価格調整金	100
調整後利益	100
税金	▲20
税引後利益	80

価格調整金がない場合，グループの税金は▲60だが，価格調整金の支払いにより，グループの税金は▲50（＝日本親会社の税金▲30＋海外子会社の税金▲20）となっている。

ここに落とし穴が…（移転価格税制）

　このような価格調整金が自由に使えれば，グループ内で思いどおりの利益配分ができますが，実際にはそう簡単にはいきません。**価格調整金については，常に「その支払いが移転価格の調整であるかどうか」，逆にいうと「単なる寄附金（国外関連者に対する寄附金）ではないか」が問題になります。**

　日本親会社が海外子会社に価格調整金を支払っている（費用を計上している）場合には，(1)支払理由，(2)事前の取決めの内容，(3)算定方法及び計算根拠，(4)支払決定日，(5)支払日といった諸要素が総合的に検討されます。

　(2)があるので，例外的なケースを除いては，国外関連者との間で取引価格の遡及改定のための条件を事前に定めておいたほうがよいでしょう。

　このような検討の結果，その支払いが合理的な理由に基づくものと判断されれば，寄附金扱いにならず，取引価格の修正が行われたものとして，移転価格税制の議論に移行できます。注意したいのは，この場合でも価格調整金の支払いが無条件で損金として認められるわけではなく，あくまでも「価格調整金考慮後の取引価格が，移転価格税制の観点から問題ないかどうか」をチェックされることになるという点です。

37 海外子会社に無形資産を移転させてみる

 • 低税率の海外子会社に無形資産を移転させることができれば，より多くの所得が海外子会社に帰属し，グループの税負担は小さくなる可能性が高い。
• ただし，この場合にも移転価格税制に注意が必要。

こうしたら得ですか？

　グループ全体で見た実効税率の引下げのためには，日本親会社から海外子会社に，関連する機能やリスクを移転させるなどして，海外子会社からのロイヤルティの回収水準を低めにする等の対応が考えられます。

　しかしながら，これを一歩進めて，**海外子会社に無形資産を持たせてしまう**という対応も考えられます。すなわち，海外子会社が日本親会社の技術を使って生産し，日本親会社にロイヤルティを支払うのではなく，自らの技術を使って生産するということです。ロイヤルティの支払いがなくなることにより，当然ながら，海外子会社の所得は増加するでしょう。

　ただし，そのためには，何らかの形で無形資産を海外子会社に移転させる必要があります。具体的な方法としては，日本親会社から海外子会社に無形資産を譲渡するか，あるいは海外子会社に自ら無形資産を開発させるかのいずれかの対応が必要になります。

(1) 海外子会社に無形資産を譲渡する方法

　海外子会社に無形資産を移転する一番手っ取り早い方法は，日本親会社の無形資産を海外子会社に譲渡することです。

　ただ，この方法によると，日本親会社に譲渡益の形で一時に所得が移転してしまうことになります。つまり，理論的に正しい譲渡価格を設定したとすると，将来ロイヤルティの形で得るはずだった所得が，無形資産の譲

渡時点で一時に譲渡益に姿を変えるだけなので，税務の観点からは実効性がないということです（図表Ⅱ－37－1参照）。

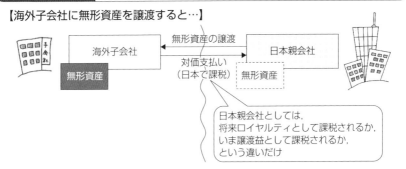

図表Ⅱ－37－1　海外子会社への無形資産の移転－日本親会社からの譲渡

【海外子会社に無形資産を譲渡すると…】

海外子会社　　無形資産の譲渡　　日本親会社

無形資産　　対価支払い（日本で課税）　　無形資産

日本親会社としては，将来ロイヤルティとして課税されるか，いま譲渡益として課税されるか，という違いだけ

　そのため，できるだけ低い価格で譲渡して，海外子会社に所得を移転することを考えなければなりません。

(2)　海外子会社に無形資産を開発させる方法

　海外子会社に無形資産を移転する方法には，(1)の譲渡以外の方法もあります。具体的には，少し時間をかけて，海外子会社に自ら無形資産を開発させる方法が考えられます（図表Ⅱ－37－2参照）。

　これには，**海外子会社に研究開発機能を持たせて，単独で研究開発させる形のほか，共同研究**（費用分担契約を含む。パターンA[15]参照）**など，様々な形が考えられます。**

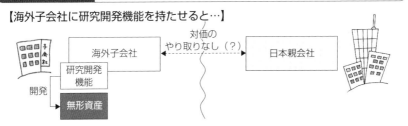

図表Ⅱ－37－2　海外子会社への無形資産の移転－海外子会社による開発

【海外子会社に研究開発機能を持たせると…】

対価のやり取りなし（？）

海外子会社　　日本親会社

研究開発機能

開発　　無形資産

ここに落とし穴が…（移転価格税制）

　これらの場合も，所得が減少する日本の税務当局から，移転価格税制の観点で問題視される可能性が高いといえます。この点，(1)海外子会社に無形資産を譲渡する方法と(2)海外子会社に無形資産を開発させる方法のそれぞれについて，以下で確認します。

(1)　海外子会社に無形資産を譲渡する方法

　海外子会社に無形資産を譲渡する場合，移転価格税制の観点から，その譲渡価格が独立企業間価格である必要があります。

　このような無形資産の譲渡取引について，2019年度税制改正では，ディスカウント・キャッシュ・フロー法（DCF法）が，新しい移転価格算定手法として追加されました（パターンA12参照）。

　このDCF法は，シンプルにいうと，**資産等が生み出すであろう将来のキャッシュ・フローを一定の割引率により，現在価値として割り引いた金額の合計額をもって，その資産等の価格として算定する方法**です。

　実務上は，無形資産の譲渡にあたって，これまでもDCF法が使われていたものの，日本の移転価格税制においてはその取扱いが不明確な状態であったため，2019年度税制改正で法令上の取扱いが明確化されたものです。

　したがって，海外子会社に無形資産を譲渡するにあたっては，このDCF法やその他の独立企業間価格の算定方法により，譲渡価格の妥当性を説明する必要があります。つまり，所得移転のために，あえて低い価格で譲渡しようとすると，移転価格税制上の問題が生じるということです。

> **豆知識**
>
> **評価困難な無形資産**
>
> 　無形資産は基本的に評価が難しいものです。そのため，税務当局の立場からすると，仮に移転価格税制で規制するとしても，「評価が難しい無形資産を低税率国の子会社に安く移転して，所得を低税率国に付け替えようとする

作戦」には十分に対応しきれません。

　この問題への対応策として，OECD移転価格ガイドラインが導入を勧告しているのが「評価困難な無形資産アプローチ」（HTVIアプローチ）です。

　このアプローチによると，評価困難な無形資産に係る移転価格の算定に用いた「事前の予測」と「事後の結果」に相違があり，それが予見不能な事象等によるものではない場合には，「当初の移転価格が適切に算定されていなかった」という推定のもと，税務当局が事後の結果（及び取引時に納税者が知り得た関連情報など）を勘案して，当初の移転価格を評価することを認めるものです。

　いわば「後出しじゃんけん」的なものですが，単に実際の収益等を基礎として移転価格の算定を行うものではなく，当初の取引時点における収益等の発生の可能性についても考慮すべきこととされています。

　日本でも，2019年度税制改正により，「特定無形資産国外関連取引に係る価格調整措置」という制度が導入されましたが，これは，上記のHTVIアプローチに対応するものです。

　すなわち，この制度をシンプルにいうと，評価困難な無形資産の譲渡等（特定無形資産国外関連取引）について，①事後の状況を参照して算定した独立企業間価格とみなされる金額が，②当初の無形資産の譲渡対価と乖離している場合，対価の再精算を求める制度と整理できます。

　制度の内容は複雑で，実際には価格調整措置の発動基準や適用免除基準などがありますが，一言でまとめると，「無形資産を譲渡したときにはわからなかったが，後になって，実はすごく価値があることがわかった」という言い訳は通用しにくくなっているということです。

⑵　海外子会社に無形資産を開発させる方法

　海外子会社に無形資産を開発させる場合，単純にいうと，海外子会社に研究開発機能などの実態が伴っていれば，問題はありません。

　しかしながら，そのような実態がなく，例えば，海外子会社が日本親会社に研究開発を委託している場合などは，「本当に海外子会社が無形資産

の所有者なのか」，言い換えると，「実質的な無形資産の所有者は日本親会社であり，形の上だけ海外子会社に無形資産を持たせているだけではないのか」という指摘が想定されます。

　具体的には，無形資産の帰属の問題については，無形資産の法的所有関係の検討にとどまらず，無形資産を形成，維持または発展させるための活動への貢献の程度も勘案する必要があるとされています。

　簡単にいうと，海外子会社が無形資産を所有しているというためには，海外子会社が単に研究開発費用を負担しているだけではダメで，無形資産の形成のための意思決定，役務の提供やリスクの管理においても，海外子会社が主体的な役割を果たしている必要があるということです。

　なお，このような無形資産の研究開発や所有の概要は，移転価格文書のうち**事業概況報告事項**（マスターファイル。パターンA16参照）の記載対象となるため，従来にも増して一貫した方針が重要になっています。

38 海外子会社から多額の借入を行ってみる

 Point
- 高税率の日本親会社が低税率の海外子会社から借入を行うと，グループの税負担は小さくなる可能性が高い。
- ただし，移転価格税制や過大支払利子税制に注意が必要。

こうしたら得ですか？

　海外子会社への貸付け（親子ローン）が税務上非効率になるのは，税率の低い海外子会社側で支払利息を認識して課税所得を圧縮する一方，税率の高い日本親会社側で受取利息を認識して納税を行うためです（パターンB 30 参照）。

　では，これを逆転させるとどうなるでしょうか。

　具体的には，通常の親子ローンとは逆に，海外子会社（例えば金融子会社）から日本親会社が借入を行います（図表Ⅱ-38-1参照）。

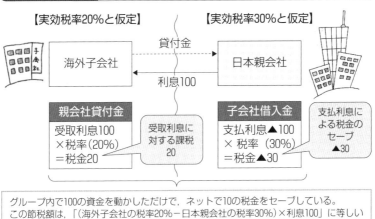

図表Ⅱ-38-1　親子ローンを逆転させるとグループの税金が減る

【実効税率20%と仮定】　　　　【実効税率30%と仮定】

貸付金

海外子会社　　→　　日本親会社

利息100

| 親会社貸付金 | | 子会社借入金 | |
| 受取利息100
×税率（20%）
＝税金20 | 受取利息に対する課税
20 | 支払利息▲100
×税率（30%）
＝税金▲30 | 支払利息による税金のセーブ
▲30 |

グループ内で100の資金を動かしただけで，ネットで10の税金をセーブしている。
この節税額は，「（海外子会社の税率20%－日本親会社の税率30%）×利息100」に等しい

　この場合，税率の高い日本親会社側で支払利息（損金）を計上して法人税をセーブする一方，税率の低い海外子会社側で受取利息（益金）を計上

して法人税を支払うこととなります。つまり，**税率の高い国で損金を計上し，税率の低い国で益金を計上しているので，税務的に効率的な取引**となります。広い意味では，この手法も利益の付替えの1つといえます。

ここに落とし穴が…（移転価格税制と過大支払利子税制）

　この場合に注意すべきポイントは，**日本親会社側の利息の損金性**です。日本親会社側で利息が損金算入されることがこのスキームのメリットであるため，この点は非常に重要になります。

　検討すべき税制の1つめは，移転価格税制です。すなわち，これは通常の親子ローンの場合と同様の検討を（貸手・借手を入れ替えて）行うことになります（パターンA22参照）。

　もう1つ注意すべき税制は，過大支払利子税制（Keyword参照）です。この制度は，OECDのBEPSプロジェクトに対応して（第Ⅰ部4参照），2019年度税制改正により制度内容が大きく変更されているため，注意が必要です。

Keyword

過大支払利子税制

　過大支払利子税制は，支払利子の損金算入効果により，租税負担を減少させるという租税回避スキームに対処することを目的とした制度です。

　2019年度税制改正前までは，関連者等（一般に海外子会社を含む）への支払利子のみが対象でしたが，同改正後は損金算入制限の対象に第三者（海外の金融機関など）に対する支払利子も含まれることとされています。

　過大支払利子税制は，端的には，利息の損金性を制限する制度といえ，具体的には，純支払利子等（受取利子等を控除した金額）が調整所得金額の20％（2019年度税制改正前は50％）を超える場合には，その超える部分の金額は損金算入できません。

　ここで，調整所得金額については，2019年度税制改正で若干範囲が変更さ

れているものの，概念としてはEBITDA（利息・税金・減価償却費等控除前利益）に近いものなので，要するに，「所得の大部分を利息の形で海外に移転する」という形の租税回避スキームに対応するための制度といえます。

　なお，過大支払利子税制には，適用免除基準があるほか，超過部分（超過利子額）は7年間の繰越しが可能です。

　まとめると，移転価格税制の観点で借入金の「利率」を検討して，過大支払利子税制の観点で（純）支払利子の「所得とのバランス」を検討することになります。

　なお，利息を受け取る側の**子会社が低税率国に所在する場合には，タックス・ヘイブン対策税制も考慮**しなければなりません（32参照）。

豆 知 識

海外子会社からの借入れ＝一時的な資金還流

　海外子会社からの借入れを税務目線で見れば，税務効率化の一手段ということになりますが，実務上は一時的な資金還流の手段として，海外子会社からの借入れが行われることもあります。

　すなわち，海外子会社に余剰資金がある場合，その資金の有効活用やリスク管理といった観点から，日本への還流が検討されることが多いと考えられます。この場合，配当などで資金還流させるのが一般的な手法になりますが，仮に外国子会社配当益金不算入制度が適用されたとしても，一定の税務コストは発生します（パターンA 21参照）。

　そのため，将来的に海外子会社に資金需要が見込まれる場合などは，日本親会社が海外子会社から借入れを行う形で一時的に資金を還流させるケースもあります。そうしておけば，その後に海外子会社に資金需要が発生したときに，その借入れを返済する形で再度資金供給が可能になるということです。

39 逆に日本親会社に利益を付け替えてみる

Point
- 日本親会社に使いきれないほどの繰越欠損金がある場合，日本親会社に所得を移転できれば，グループの税負担は小さくなる可能性が高い。
- ただし，この場合も移転価格税制に注意が必要。

こうしたら得ですか？

　日本は世界有数の高税率国であるため，通常は可能な限り，海外子会社に利益を配分することになります。

　しかしながら，この考え方とは別に，**多額の繰越欠損金を保有している会社に所得を移転させる**という考え方もあります。グループ内に単独では使用しきれないような繰越欠損金を保有している会社があれば，その会社に所得を付け替えることで，本来失効するはずの繰越欠損金を有効活用でき，税率ゼロの国に所得移転しているのと同じ効果があります。

　例えば，日本親会社に多額の繰越欠損金がある場合，日本親会社が自力で繰越欠損金を使いきれないことが明らかであれば，通常の方針とは逆に，日本親会社に利益を配分するのが税務上は効率的になります。

　具体的には，海外子会社との棚卸資産取引の価格を調整したり，役務提供の対価やロイヤルティなどの回収水準を上げることになります。この場合，日本親会社に配分された利益は，繰越欠損金の範囲内では無税になります（またはその一定割合しか課税されない。以下の「豆知識」参照）。

豆 知 識

欠損金は何年間繰り越せる？

　日本では，欠損金は10年間繰越し可能です（2018年4月1日以後開始事業年度に生じた欠損金から。それより前の繰越期間は9年など）。単純にいうと，欠損金が1,000発生し（繰越欠損金＝1,000），その翌年度から毎年100の

所得（繰越欠損金控除前）が発生する場合，繰越欠損金をちょうど10年で使い切ることになり，その間は法人税の支払いは発生しません。

　ただし，大企業（中小法人等（資本金が１億円以下の法人等）以外の法人）については，繰越欠損金の控除限度額があります（2018年４月１日以後開始事業年度からは，繰越欠損金控除前の所得の50％相当額が控除限度額）。つまり，上記の例では，毎年50（＝100×50％）しか欠損金を控除できず，控除後も残る所得50については，見合いの法人税等の支払いが必要になります。

　一方，海外子会社側では，日本親会社側に移転した利益の分だけ所得が減るので，グループとしての納税額は減少します（図表Ⅱ－39－１参照）。

図表Ⅱ－39－１　繰越欠損金のある会社に利益を付け替えるとグループの税金が減る

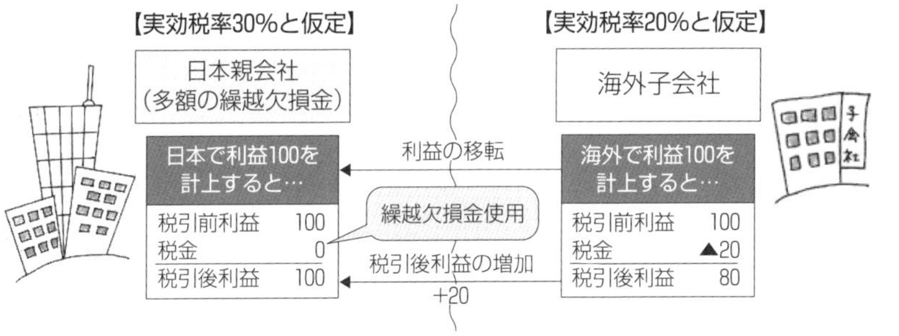

（注）　単純化のため，繰越欠損金を全額使用できると仮定します。

ここに落とし穴が…（移転価格税制）

　この場合，より多くの所得が配分される日本の税務当局よりは，**所得が減少する海外子会社所在地国の税務当局から問題視される可能性が高い**といえます。

　具体的には，海外子会社が本格的な移転価格調査の対象となる場合のほか，特に新興国であれば，役務提供対価やロイヤルティの支払いについて，損金不算入と指摘される場合が考えられます。

　その意味で，海外子会社に利益を付け替える場合と同様，機能やリスクの移転など，それが実態の変更を伴うものである必要があります。

40 海外子会社の出資を引き揚げて，代わりに融資を行ってみる

Point
- 日本親会社に使いきれないほどの繰越欠損金がある場合，配当還流から利息還流に切り替えると，海外子会社側の利息の損金算入効果により，グループの税負担は小さくなる可能性が高い。
- ただし，過少資本税制など，海外子会社側の利息の損金算入制限に注意が必要。

こうしたら得ですか？

　もう1つ，日本親会社の繰越欠損金を活用する方法を考えてみます。

　海外子会社からの資金還流の選択にあたっては，通常は利息よりも配当のほうが税務上，効率的になる場合が多いですが，**日本親会社が多額の繰越欠損金を有している場合には，受取利息に対する高税率課税の問題が起きず，利息還流が有効になる**可能性があります（図表Ⅱ-40-1及びパターンB30参照）。

　このようなケースでは，出資から融資に切り替えて，海外子会社から利息を回収するという選択肢もあります。

図表Ⅱ-40-1　日本親会社に繰越欠損金があれば親子ローンは有利かも…

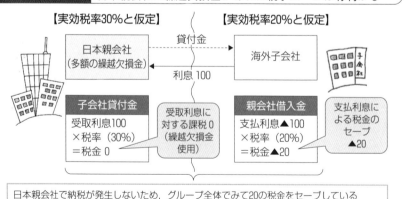

（注）　単純化のため，繰越欠損金を全額使用できると仮定します。

ここに落とし穴が…（利息の損金算入制限）

　この場合，注意すべきポイントは**海外子会社側の利息の損金性**の問題です。上記の税務効率性は，海外子会社における支払利息の損金算入を前提としているため，この点は非常に重要です。

　具体的には，まず移転価格税制の視点が必要になります。単純にいうと，金利水準（利率）の問題です。

　また，移転価格税制以外では，**過少資本税制**（Keyword参照）に特に注意が必要です。これは海外子会社の負債水準の問題と整理できます。

Keyword

過少資本税制

　過少資本税制とは，負債（特に親会社からの借入金）の自己資本に対する比率を一定の水準（例えば3：1）までに制限し，それを超える部分の（支払）利息を損金不算入とする税制です。

　企業グループ全体で考えると，税率の高い国で支払利息を認識するのが効率的であるため，極端なことをいえば，高税率国の子会社は全額グループ企業からの負債で資金調達させることも理論的にはありえます。過少資本税制は，このような租税回避行為を防止するための税制といえます。

　さらに，過少資本税制とは異なる形態で，例えば所得との対応関係により，利息に対する損金算入制限を設けている国もあるため（日本でいうと，過大支払利子税制のイメージ），いずれにせよ，海外子会社側の利息の損金性に注意を払う必要があります。

　なお，「低税率国の関係会社に過大な利払いを行い，高税率国における所得を圧縮する」というのは，多国籍企業によるBEPSの典型例であるため，この利息の損金算入制限の問題については，国際的な議論にも注目しておく必要があります。

41 中間持株会社を使って配当経路を変更してみる

Point
- 配当還流を中間持株会社経由にすることで，より有利な租税条約を適用でき，配当還流に伴う日本親会社の税負担を軽減できる可能性がある。
- ただし，租税条約の濫用にならないよう注意が必要。

こうしたら得ですか？

　繰り返しになりますが，配当に伴う日本親会社の税務コストは以下のように計算され，この算式のとおり，海外子会社所在地国における配当源泉税については，純粋な税務コストとなります。

> 配当額×（現地配当源泉税率＋1.5％）

　海外子会社が特定の国で事業を行う必要がある場合，基本的にはその国の配当源泉税率が適用されるので，日本親会社が直接配当を受け取る場合，この税務コストを引き下げる余地はありません。

　しかしながら，このような場合でも，配当源泉税率を引き下げる手段がないわけではありません。すなわち，**海外に中間持株会社を設立することにより，日本親会社が直接配当を受け取る国を配当源泉税のない（または低い）国に変えてしまえばよい**のです。これにより，配当経路が変更され，配当源泉税の負担が変わってくるケースがあります。

　例えば，A国に所在する事業子会社のA社からの配当源泉税率が10％とすれば，日本親会社がこのA社から直接配当を回収すると，この10％部分は日本親会社の税務コストとなります。

　ここで，B国に中間持株会社のB社を設立し，A社株式を保有させた場合，A社からの配当はB社経由で日本親会社に還流されます。仮に，(1)A国とB国の間の租税条約で配当源泉税が免除されており，(2)B国に国外配当免税制度があれば，A社からB社への配当には何らの課税もされません。

また，(3)B国が配当源泉税を課さない国であれば，日本への配当にあたっても源泉税が課されないことになり，Ａ社が稼得した利益をほぼ無税で日本親会社まで還流できることになります（図表Ⅱ-41-1参照）。

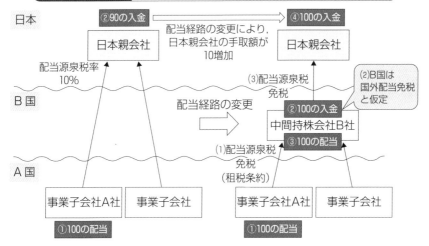

図表Ⅱ-41-1　中間持株会社を間に挟むと税負担が軽減される

豆知識

オランダはなぜ日本企業に人気があるのか？

　日本企業は，オランダに中間持株会社を置くことが多いですが，これには税務上の理由もあります。まず，オランダの中間持株会社では，一定の要件を満たす（傘下の）事業子会社からの配当には課税がありません。しかも，オランダには広い租税条約のネットワークがあるので，事業子会社から配当を吸い上げる際に，配当源泉税が低減される可能性が高くなります（また，EU域内なら基本的に免税）。さらに，オランダの中間持株会社が日本親会社に配当を支払う際にも，日本との租税条約により配当源泉税が免税になる可能性が高いといえます。つまり，オランダはちょうど上記のB国のような特徴を持っており，これが人気の理由と考えられます。

　ただし，2019年度の税制改正でオランダにもCFCルール（日本でいうタッ

> クス・ヘイブン対策税制）が導入されているため，以前ほど使い勝手は良く
> ないかもしれません。

ここに落とし穴が…（トリーティー・ショッピング規制）

　このような配当源泉税率の低減を目的とするスキームは，トリー
ティー・ショッピング（Keyword参照）として規制の対象となる（租税
条約の特典を受けられない）可能性があるため，注意を要します。

Keyword

　トリーティー・ショッピング
　トリーティー・ショッピングとは，本来であれば租税条約の特典を享受す
ることのできない者が，租税条約の一方の締約国に中間会社を置くなどして，
源泉税の減免等の租税条約の特典を受けることをいいます。

　具体的には，一定の条件を満たした者にしか租税条約の適用を認めない
という形で，租税条約にその特典を制限する条項（特典（制限）条項また
はLOB条項：Limitation on Benefits）が盛り込まれていることが多くあ
ります。つまり，上記の例でいうと，B国の中間持株会社が単なるペー
パー・カンパニーであるなど，特典制限条項に引っかかる場合には，A国
において租税条約の特典（配当源泉税の減免）を受けられない可能性があ
るということです。

　また，主要目的テスト（PPT：Principal Purpose Test）という別の考
え方もあり，これは「租税条約の特典の享受が主たる目的である取引には，
租税条約の適用を認めない」とする規定をいいます。

　例えば，ドイツとの租税条約（日独租税協定）については，この特典制
限条項と主要目的テスト規定の両方が含まれています。

42　海外子会社の売却前に配当させてみる

Point
- 海外子会社の売却前に配当させることにより，売却益の一部を95％益金不算入の配当に転化し，日本親会社の税負担を軽減できる可能性がある。
- ただし，2020年度税制改正により，子会社配当と子会社株式の譲渡を組み合わせた租税回避に対応するための措置が設けられたので，注意が必要。

こうしたら得ですか？

　日本での課税関係を考えると，海外子会社を清算するほうが，売却するよりも有利になることが多いですが，これは，海外子会社の利益積立金部分が配当とみなされて（みなし配当），95％益金不算入になる効果が大きいためです（パターンB 31 参照）。

　ここで，当然の疑問として，**「売却前に海外子会社に利益を配当させれば，売却しても，清算のときと同じ効果が得られるのではないか」** というものがあります。

　これに対する回答としては，「仕組みとしてはそうなる」ということになります。

　すなわち，実際には買主との交渉が必要になりますが，配当金額だけ海外子会社株式の譲渡益が圧縮されることを前提とすれば，純粋に税務上の観点からは，売却前に配当をさせる形のほうが効率的と考えられます（図表Ⅱ-42-1参照）。

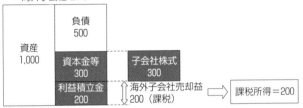

図表Ⅱ－42－1　海外子会社の売却前に配当させると税負担が軽減される

【前提条件】
① 海外子会社株式簿価＝海外子会社の資本金等
② 海外子会社の純資産価額で売却
③ 配当源泉税の影響は無視

(1)　そのまま売却する場合

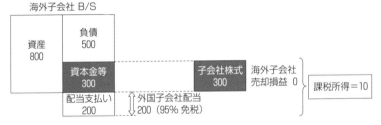

海外子会社 B/S

(2)　利益剰余金を全額配当させてから売却する場合

海外子会社 B/S

　「仕組みとしてはそうなる」という微妙な言い方になったのは，特に過去に買収した海外子会社については，2020年度税制改正により，このような節税策に対する手当てが行われたためです。

ここに落とし穴が…

　「子会社からの配当＋子会社株式の譲渡」という節税策については，従来は一般的に行われていました。しかしながら，これを買収した子会社（しかも長期保有ではない）について壮大な規模で実施した企業があり，おそらくそれが契機となって，2020年度税制改正で対応が行われました。
　具体的には，**日本親会社**が，**海外子会社**（端的には50%超の保有関係。実際には外国法人に限定されない）**から受ける配当等の額が「株式等の帳**

簿価額の10％相当額」を超える場合には，その配当等のうち益金不算入相当額が，その株式等の帳簿価額から減額されます（この措置は「**子会社株式簿価減額特例**」と呼ばれます）。

　つまり，外国子会社配当益金不算入制度により益金不算入とされる部分があれば，配当に伴って，その分だけ海外子会社株式の帳簿価額が小さくなります。そうすると，結果的に将来の株式の譲渡益が大きくなり（または譲渡損が小さくなり），課税の取戻しが起きるということです。

　前掲図表Ⅱ-42-1の(2)のケースに対して，仮にこの措置が適用されたとした場合のざっくりした計算イメージは，図表Ⅱ-42-2のとおりです。

図表Ⅱ-42-2　海外子会社株式簿価が減額された場合の影響

(2)　利益剰余金を全額配当させてから売却する場合

【海外子会社株式簿価が減額された場合のざっくりとした影響】

- このケースでは，株式の譲渡前に海外子会社が200の配当を行っている
- 日本親会社では，外国子会社配当益金不算入制度の適用により，このうち190が益金不算入になっている
- この場合，200の配当は株式の帳簿価額300の10％を超えている
  ➡配当のうち益金不算入額190が株式の帳簿価額300から減額され，株式の帳簿価額は110になる
  ➡そうすると，売却時点において，株式の譲渡益は190（＝300-110）になる
  ➡結局，課税所得の合計は「配当10（5％の益金算入部分）＋株式譲渡益190」で200になる
  ……つまり，図表Ⅱ-42-1の(1)のケースと一致する

　ただし，この措置は，買収時（50％超の保有関係発生日）から10年経過後に受ける配当や2,000万円以下の配当については，適用されません。つまり，長期保有の海外子会社や少額配当については，セーフという扱いになります。

　もう１つ，配当が買収後（50％超の保有関係発生後）の利益剰余金の純増額に満たない場合も，この措置の対象外とされています。シンプルにいうと，買収後に稼得した利益の範囲内の配当であればセーフだということです。

　また，この措置が適用される場合，帳簿価額から減算する金額は，一定の要件の下，「買収後の利益剰余金増加額を超える配当額のうち益金不算入相当額」とすることができます。これを考えるのが苦痛であれば，大まかに「買収前に稼得した利益剰余金に係る配当が減算のベースになる」というイメージで大丈夫です。

　まとめると，過去に買収した海外子会社について，買収前に稼得した利益剰余金を原資に多額の配当をさせると，この措置に抵触するリスクが高くなります。基本的には，そういう租税回避行為に対する措置ということですね。
　なお，この措置は2020年４月１日以後開始事業年度から適用されます。

パターン D

困ったことが起きたのですが…
──よくあるトラブルに対処する

　海外で事業を行う場合，特に海外に子会社を持つと，税務リスクは格段に上がります。

　税務上の効率性を追求して，低税率国に子会社を設立し，そこに利益を移転させるような対応をとった場合は当然として，そのような意図がないにもかかわらず，予期せぬ課税が発生することもあります。

　ここでは，知らず知らずのうちに抱えてしまいやすい税務リスクや各種の税務調査の基礎を解説します。

43　日本親会社が税務調査の対象となってしまったら（法人税編）

Point
- 日本では3年ごとなどの一定の周期で税務調査が行われることが多い。
- 国税局の税務調査を受けると，平均で約4.4億円の所得の申告漏れが指摘される。

誰が，いつ税務調査を行う？

　日本親会社は通常，3年ごとなどの一定の周期で税務調査（実地調査）を受けることが多いと思われます。大企業については，この周期が短いケースも多々ありますが，近年は，税務に関するコーポレート・ガバナンスの状況が良好な大企業については，税務調査の間隔を空ける等の取組みも行われています。

　法人税及び消費税の税務調査についての大まかな分担としては，国税局が大規模法人（資本金1億円以上の法人など）を所管し，税務署がそれ以外の法人を所管することになります。

税務調査になったら，どれくらい税金を取られる？

　国税庁が公表している「平成30事務年度　法人税等の調査事績の概要」によると，平成30事務年度（2018年7月から2019年6月まで）における法人税の実地調査の状況は図表Ⅱ－43－1のとおりです。

　必ずしも正確な分析ではありませんが，ここからわかることは，調査課所管法人（税務署ではなく国税局が所管する法人）についていえば，実地調査があればかなりの確率で所得の申告漏れが指摘されるということと，**その金額は所得ベースで平均約438百万円にも上る**ということです。

図表Ⅱ－43－1　税務調査の実績——税務調査により指摘される申告漏れの規模

税務署ではなく
国税局が所管する法人

法人税	全体の件数・金額		左のうち 調査課所管法人 の調査に係るもの	
実地調査件数	99,000	（注1）	2,422	
非違があった件数	74,000	（注1）	1,954	
非違が指摘される確率	75%		81%	
申告漏れ所得金額（百万円）	1,381,300	（注2）	855,300	（注2）
1件当たり申告漏れ所得金額（百万円）	19		438	

（注1）　実際の資料では，千件単位で記載されている
（注2）　実際の資料では，億円単位で記載されている

税務調査にはどのように対応すればよい？

　税務調査を受けることになった場合，その時点から行うことができる対策は限られますが，実際の税務調査への対応にあたっては，図表Ⅱ－43－2のような留意事項があります。

図表Ⅱ－43－2　税務調査対応のポイント

	対応のポイント
事前準備	税務調査では，事前に依頼資料リストが提示されるのが一般的であるが，このような依頼資料については，調査官への提出前に，税務担当者が全般的なレビューを行っておくことが望ましい。
質問への対応	実地調査を受けるにあたっては，調査官からの質問に対して，無理に即答せず，事実関係を確認のうえ回答することが望ましい。また，営業部門等の経理部門以外の担当者がヒアリングの対象となる場合，必ず税務担当者が同席すべき。
調査記録の保存	調査官に提出した資料については，必ず控えを残しておくとともに，調査官との口頭によるやり取りについては，書面で記録を残しておくのが望ましい。この点は，調査官の指摘がどのような情報に基づくものかを分析する際に重要。また，次回の税務調査の際に見返す記録としても貴重な資料になる。

　なお，**法人税の税務調査においては，海外取引が重点的に調査される**傾向が続いています。この傾向は，海外に子会社を有する場合には顕著であるため，特に注意が必要です。

44 ／ 寄附をしたつもりはないのに，寄附金だと指摘されたら

Point
- 海外子会社に対して寄附を行う意図がなくても，海外子会社から適正な対価を回収していない場合など，寄附金が認定されるケースがある。
- 海外子会社（国外関連者）に対する寄附金は全額損金不算入となる。

国外関連者に対する寄附金とは？

　ここまで見てきたように，海外子会社の再建支援のために，日本親会社が債権放棄等を行う場合，日本親会社の負担する損失は，その負担に経済合理性があるなどの一定の場合を除き，原則として寄附金（国外関連者に対する寄附金）として損金不算入の取扱いとなります（パターンA 19 参照）。

寄附をしたつもりはないのに…

　しかしながら，このような支援の意図がなくても，海外子会社に寄附金を支払っていると指摘されることがあります。

　わかりやすいのは，例えば，日本親会社が海外子会社に何らかの業務委託を行って，業務委託料を支払っていたにもかかわらず，実際には海外子会社は何の業務も行っていなかったようなケースです。つまり，単なる利益の付け替えですね。

　このような場合，基本的には「資産（金銭）の贈与」として，国外関連者に対する寄附金と認定されます（つまり，全額損金不算入となります）。

　少しわかりにくいのは，日本親会社が海外子会社から適正な対価を回収していないケースです。例えば，海外に製造子会社を設立し，生産のサポートのために日本親会社の社員が出張する場合があります。この場合，

日本親会社側では（日割）人件費や出張旅費等が発生しているにもかかわらず，海外子会社から何らの対価も回収していないことがあります。それが生産に関連する技術指導等であれば，基本的に子会社が負担すべきものなので，日本親会社は，本来は海外子会社から役務提供の対価を回収する必要があるということです。

このような対価の回収がない場合，ロイヤルティや利息の免除と同様，「経済的利益の無償の供与」として，同様に国外関連者に対する寄附金とされる（つまり，全額損金不算入となる）ことになります。

より正確には，**適正な対価の受取りがあったものとしたうえで，その対価相当額について国外関連者に対する寄附金と指摘され，全額損金不算入の取扱いとなる**（つまり，適正な対価相当額が所得に加算される）ことになります。要するに，「日本親会社は，あるべき対価をいったん海外子会社から受け取ったうえで，それを海外子会社に寄附したものとみなされる」ということですね（図表Ⅱ－44－1参照）。

図表Ⅱ－44－1 国外関連者寄附金——なぜ寄附金なのか

豆知識

海外子会社は「子」ではなく「他人」と思ったほうがよい？

海外子会社はグループの一員なので，何となく社内と同じように考えてしまいがちですが，移転価格税制の観点からは，そのような発想は極めて危険です。海外子会社の管理面のサポートについても，ついつい無償で行ってしまいがちですが，実際には海外子会社を第三者と考え，適正な対価を回収す

ることが必要になります。税務調査においても，「第三者に対して，無償で
そんなことはやらないでしょう」と言われることがよくあります。

　これを知っておくべきなのは，税務部門というよりは，実際に海外子会社
のサポートを行う事業部門です。「事業部門が勝手なことをして，税務部門
がとばっちりを食う」というのは1つの様式美ともいえますが，事業部門の
思想としては，「子会社なんだから，助けてあげて当然」という無垢な心で
あったりするので，ちょっと怒りづらかったりもします。あからさまな損益
調整であれば，容赦なく吊し上げることもできるとは思いますが…。

リスク回避のためには…

　このような国外関連者に対する寄附金の認定リスクへの対応としては，
地道な作業ですが，日本親会社が海外子会社に委託している業務の内容を
チェックしたり，日本親会社が海外子会社に提供している役務（や使用許
諾している技術等）を洗い出し，個別に対価の回収要否を検討したりする
必要があります。

45 タックス・ヘイブンにない子会社にタックス・ヘイブン対策税制が適用されたら

Point
• 海外子会社の税率が20％以上でも，現地での非課税所得の発生など様々な要因により，日本のタックス・ヘイブン対策税制の適用対象になる可能性がある。

タックス・ヘイブン対策税制の適用対象は？

　タックス・ヘイブン対策税制が適用されるのは，ペーパー・カンパニーなどの特定外国関係会社の場合を除けば，税率が20％未満の国に所在し，日本資本が過半を占めるような会社の株式を10％以上保有する場合などです。ただし，より正確には，この**20％という適用免除の基準と比較するのは，各国の法定税率ではなく，その海外子会社（外国関係会社）固有の租税負担割合と呼ばれる指標**です（パターンC 32 参照）。

　ここで，ケイマン諸島やヴァージン諸島のように一般に「タックス・ヘイブン」と呼ばれる地域に子会社（外国関係会社）を設立した場合は，基本的にタックス・ヘイブン対策税制の適用対象になります（かつ，多くの場合，**特定外国関係会社**に該当して，会社単位の合算課税が行われる）。

　しかしながら，香港・シンガポール・英国といった国々も，法定税率が20％未満であるため，これらの国々に所在する外国関係会社も，基本的にタックス・ヘイブン対策税制の適用対象になります（ただし，合算課税まで行われるとは限らない）。

　同じく，新興国において，法定税率は20％以上であっても，優遇税率の適用を受けている場合には，そのような外国関係会社についても，タックス・ヘイブン対策税制の対象になる可能性があります。

　つまり，「タックス・ヘイブン」という語感とは異なる国々の子会社が，タックス・ヘイブン対策税制の適用対象となるということであり，この点には注意が必要です（図表Ⅱ-45-1参照）。

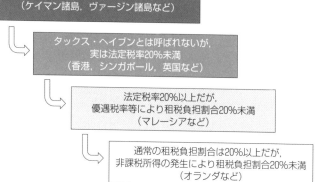

図表II－45－1　トリガー税率への抵触パターン

いわゆるタックス・ヘイブン
（ケイマン諸島，ヴァージン諸島など）

タックス・ヘイブンとは呼ばれないが，
実は法定税率20%未満
（香港，シンガポール，英国など）

法定税率20%以上だが，
優遇税率等により租税負担割合20%未満
（マレーシアなど）

通常の租税負担割合は20%以上だが，
非課税所得の発生により租税負担割合20%未満
（オランダなど）

税率20%以上でもタックス・ヘイブン対策税制が適用される？

　さらにいえば，法定税率が20%以上の国に所在し，優遇税制の適用も受けていない外国関係会社でも，タックス・ヘイブン対策税制の適用対象になることがあります。

　繰り返しになりますが，20%という適用免除の基準と比較すべき租税負担割合については，以下の算式で計算されるため，**租税負担割合は，税率が低い場合のみならず，（配当以外の）非課税所得が大きい場合にも低下**します。

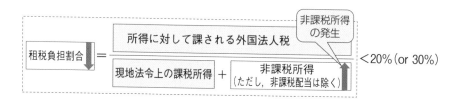

$$\text{租税負担割合} = \frac{\text{所得に対して課される外国法人税}}{\text{現地法令上の課税所得} + \underset{\text{（ただし，非課税配当は除く）}}{\text{非課税所得}}} < 20\%\,(\text{or } 30\%)$$

非課税所得
の発生

　例えば，オランダでは，一定の要件に合致する株式の譲渡益（キャピタル・ゲイン）は非課税となります。この場合，**現地で法人所得税は課されず，上式の分子には影響しません**が，このキャピタル・ゲインは（非課税

所得として）**分母には加算され，租税負担割合を押し下げます。**

オランダの法定税率は本書の執筆時点で25％であるため，オランダ子会社には基本的にタックス・ヘイブン対策税制は適用されません（特定外国関係会社に該当する場合を除く）。

しかしながら，例えば，オランダ子会社が事業持株会社で，傘下の事業子会社株式を売却して譲渡益を計上する場合などは，その租税負担割合に注意を払う必要があるということです（図表Ⅱ－45－2参照）。

図表Ⅱ－45－2　なぜオランダ中間持株会社にタックス・ヘイブン対策税制が適用されるのか

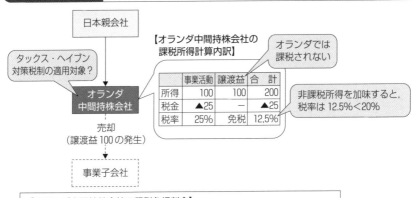

	事業活動	譲渡益	合計
所得	100	100	200
税金	▲25	－	▲25
税率	25％	免税	12,5％

【オランダ中間持株会社の租税負担割合】
• 譲渡益がなければ
→所得100に対して，税金▲25で，租税負担割合＝25％
• 非課税の譲渡益が発生すると
→所得100＋非課税所得100に対して，税金▲25で，租税負担割合＝12.5％

豆知識

租税負担割合の計算は大変

オランダ中間持株会社の例からもわかるとおり，租税負担割合の確認は，外国関係会社の適用税率等の何らかの「率」を確認するものではなく，外国関係会社の「税金」と「所得」の金額をもとに，自ら計算しなければならないものです。

ということは，日本親会社の税務担当者が，外国関係会社の税務申告書

（及び付随する計算資料など）を見る必要があるということです。特に，海外の関係会社の数が多い企業では，英語以外の言語で書かれた申告書まで確認が求められる場合もあり，これは大変な作業になります。そのため，実務的には危なそうな外国関係会社（租税負担割合が20％近辺など）に絞ってチェックせざるをえないケースもあるのではないでしょうか。

　なお，2019年度税制改正前は，外国関係会社が連結納税を適用している場合，どうやって租税負担割合を計算すればよいのか明確ではなかったのですが，同改正で，外国関係会社が企業集団等所得課税規定（連結納税のほか，パススルー課税も含みます）を適用している場合の取扱いについて，規定の整備が行われました。そして，そこでは，企業集団等所得課税規定を適用しないものとして計算された金額を用いて，租税負担割合を計算することとされています。

　この改正自体はいいことなのですが，これにより，「仮に連結納税を適用していなかったら，租税負担割合はどうなるか」という計算まで求められることになります。つまり，租税負担割合の計算がさらに大変になったということで，いずれにせよ，租税負担割合の計算は，真剣にやろうとすると，なかなか骨の折れる作業ということですね。

46　日本親会社が移転価格調査の対象となってしまったら

Point
- 移転価格調査は法人税調査の一部であり，同一事業年度に対する移転価格調査と通常の法人税調査は同時に実施される。
- ただし，事前に納税者が同意すれば，通常の法人税の調査と区分して実施されることもある。
- 移転価格リスクへの対処には文書化が必要であり，リスクを事前に回避する手段としては事前確認制度（APA）もある。

移転価格調査とは？

　移転価格調査は法人税調査の一部として整理されており，**同一事業年度に対する移転価格調査と通常の法人税調査は同時に実施されます**。つまり，ある年度を対象とする法人税調査が終われば，原則として，再度同じ年度の移転価格調査を受けることはなくなるということです。

　しかしながら，事前に納税者からの同意があれば，移転価格調査を，通常の法人税の調査と区分して実施できることとされています。したがって，調査の区分に同意を求められたら，基本的にそれは本格的な移転価格調査が予定されていることを意味します。

　移転価格調査は，調査期間が通常の法人税の調査よりも長く，1年から2年に及ぶケースもあるため，移転価格調査の対象となってしまったら，覚悟を決めるほかありません。

誰が移転価格調査を行う？

　移転価格税制に関しては，通常の法人税の調査以上に高い専門性が要求されるため，従来は専門部署が主に調査を担当してきました。東京国税局でいえば，国際情報（第一）課と呼ばれる部署がこれに該当します。

　しかしながら，東京国税局についていうと，2020年7月に国際課税専門部署の組織改編が行われており，組織改編後の国際課税に係る調査は，

（新）国際調査課という部署において，総合的に行うこととされました。

　これにより，移転価格調査についても，外国子会社合算税制に係る調査などと併せて，（新）国際調査課が行う調査の中で行われることになります。

　なお，組織改編後も，事前に納税者からの同意があれば，移転価格調査を通常の法人税の調査と区分して実施できるという点に変更はないと考えられます。

移転価格リスクの判断方法は？

　移転価格調査への対策にあたっては，**移転価格リスクの高低を事前に認識しておくことが必要です**。具体的には，日本の税務当局が移転価格調査のターゲットを選定する際の基準を推測し，それに合わせてリスクを判定することが考えられます（図表Ⅱ－46－1参照）。

図表Ⅱ－46－1　移転価格リスクの判定ポイント──こういう状況が危ない

ポイント	日本側のリスクが高い状況
国外関連者取引の規模（役務提供取引や無形資産取引を含む）	取引規模が大きい
海外子会社の利益率（現地の同業他社の利益率との比較）	海外子会社の利益率が高い
日本親会社と海外子会社の間の利益配分バランス	海外子会社に多く利益が配分されている

リスク回避のためには…

　移転価格リスクへの対処方法としては，まず，**文書化**（パターンA 16 参照）が考えられます。

　移転価格調査において，必要な移転価格文書（ローカルファイル）の提示または提出がない場合，推定課税や同業者調査（同業者に対する質問検査）を行うことができることとされており，これを回避するためにも，移転価格文書の作成は非常に重要になります。

　また，移転価格リスクを事前に回避するための手段として，事前確認（APA。Keyword参照）という制度があります。

事前確認（APA：Advance Pricing Arrangement）

　事前確認とは，独立企業間価格の算定方法の合理性等につき税務当局が事前に確認する制度をいい，企業が確認された内容に基づいて申告を行う限りにおいて，基本的に移転価格課税は行われません。つまり，税務当局のお墨付きをもらうということです。

　APAを申請する場合，通常は**相互協議**（Keyword参照）という形で，取引の相手方の所在地国の税務当局も巻き込んで，海外における移転価格課税のリスクも排除できる二国間APAという形がとられます（図表Ⅱ－46－2参照）。

相互協議

　相互協議とは，主として移転価格税制について，二重課税の排除のために租税条約締結国の税務当局間で行われる協議をいいます。

図表Ⅱ－46－2　移転価格リスクを排除したいときは──相互協議を伴う事前確認（APA）

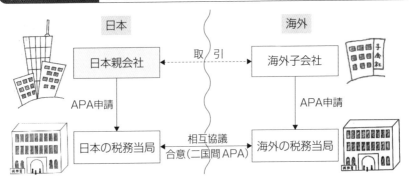

APAを取得したら，こんなよいことが…

　APAの取得は，移転価格リスクがほぼ完全に排除される（二重課税や更正に伴うペナルティのリスクを回避できる）という意味で，理想的な方法といえます。

　ただし，APAの取得には通常時間を要するため，実際には専門家の報酬や社内の人件費等のコストがかさむという問題点もあります。

　そのため，特に重要な取引に絞って，APAの取得を検討するのが一般的であり，その他の取引については，文書化などで対応するなど，濃淡をつけることになります。

47 移転価格課税を受けてしまったら

Point
- 移転価格課税による国際的な二重課税については，日本と相手国の税務当局間の相互協議により排除できる可能性がある。
- また，日本で移転価格課税を受けた場合，日本の国内法に基づく救済手段をとることも可能。

　APA（事前確認）を取得しない限り，移転価格リスクを完全に排除することはできないため，移転価格調査の結果，日本または海外のどちらか一方で移転価格課税される場合があります。この状態を放置すると，国際的な二重課税が残ることになります。

移転価格課税後の対応は？

　日本が海外子会社の所在地国と租税条約を締結していることを前提とすれば，このようなケースでは，**両国の税務当局間の相互協議により，対応的調整**（Keyword参照）**という形で，他方の国において（対応する所得の減額及び）税金の還付を受けられる**可能性があります（図表Ⅱ-47-1参照）。

Keyword

対応的調整
　対応的調整とは，関連者の一方（日本親会社または海外子会社）が移転価格課税（増額更正）された場合に，相互協議における合意に従い，他方の関連者に対して還付（減額更正）を行って二重課税を排除することをいいます。

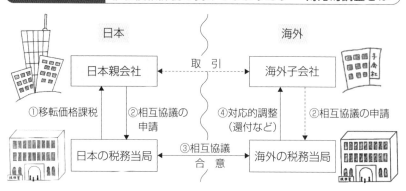

図表Ⅱ-47-1　移転価格課税を受けてしまったら——対応的調整とは

トータルの影響は？

　相互協議の結果，他方の国の所得が減額された場合には，ペナルティ等の影響を除けば，**連結ベースでみれば両国間の税率差の影響しかないこと**になります（図表Ⅱ-47-2参照）。

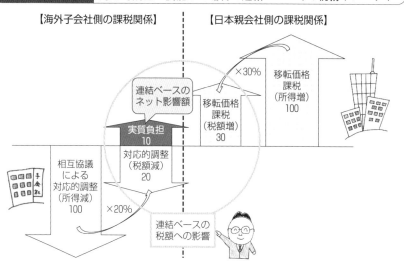

図表Ⅱ-47-2　対応的調整が機能した場合の連結ベースでの税務インパクト

（注）海外子会社所在地国の税率を20％，日本の税率を30％と仮定します。

　ただし，相互協議は必ずしも合意に至る義務はないため，交渉が決裂する可能性はゼロではありません。

　また，特に対新興国の場合，租税条約上で相互協議の規定があるからといって，必ずしもスムーズに上記のような対応的調整が受けられるとは限らない点に注意が必要です。

　なお，この相互協議自体はあくまでも政府間の協議であるため，納税者は直接参加できず，求めに応じて資料を提出する等の対応に限定されます。

租税条約に基づく仲裁とは？

　一部の租税条約には，上記の相互協議に加えて，仲裁手続に関する規定（仲裁規定）も定められています。

　ここで，仲裁手続とは，課税事案（租税条約の規定に適合しない課税を受けた事案）に係る相互協議において，両国の当局が2年以内など一定の期間内に合意に至ることができない場合に，申立者からの要請に基づき，未解決事項を第三者（両国の当局以外の第三者により構成される仲裁委員会）による仲裁に付託する手続です。

　実際に仲裁手続が使われるかどうかは別にして，この仲裁規定があることで，相互協議を行う当局には「事案を解決しなければならない」というプレッシャーにはなるものと考えられます。

相互協議がイヤな場合は？

　日本で移転価格課税を受けた場合，相互協議の手続とは別に，国内法に基づく救済手段をとることも可能です。つまり，国税不服審判所への審査請求→税務訴訟という通常の対応（不服申立ての手続）も可能ということです。

　上記のとおり，相互協議は実効税率差を無視すれば，結果はどうあれ二重課税を排除できるため（決裂しないことが前提），相互協議の申立てが主にはなります。しかしながら，相互協議では問題が解決されないと見込

まれる場合（例えば，自社の移転価格ポリシー自体が税務当局に否定されている場合など）もあるため，通常は国内法に基づく救済手段を放棄しないよう，別途不服申立ての手続も行っているものと考えられます。

　なお，海外子会社の所在地国との間に租税条約が締結されていないケースでは，国内法に基づく救済手段によらざるをえません。

48 日本親会社が税務調査の対象となってしまったら（源泉所得税編）

Point
- 源泉所得税の調査にあたっては，海外（外国法人または非居住者）への支払いについて，源泉徴収漏れがないかがポイントになる。
- 特に海外に駐在員事務所等がある場合，そこからの支払いもチェックする必要がある。

源泉所得税の調査とは？

　日本における税務調査については，法人税（及び消費税）の税務調査のほか，源泉所得税の調査もあります。**源泉所得税の調査は，簡単にいうと，「源泉徴収漏れがないか」をチェックするもの**です。

誰が源泉所得税の調査を行う？

　源泉所得税の調査については，会社の規模にかかわらず基本的に（国税局ではなく）税務署が担当します。したがって，一定規模の会社であれば，「法人税と消費税は国税局が調査に来て，源泉所得税は税務署が調査に来る」というパターンが多いと思われます。

どんなところに気を付ければよい？

　国際税務の観点からは，海外（外国法人または非居住者）への支払いについて，源泉徴収漏れがないかは常にチェックしておく必要があります。

　特に，海外の取引先への使用料（ロイヤルティ）の支払いなどは，源泉徴収漏れが生じやすいので，注意が必要です。また，非居住者という意味では，海外子会社への出向者に対する支払いも同様に注意を要します。

　なお，租税条約による源泉税の減免のためには，事前に「租税条約に関する届出書」などを税務署に提出する必要がありますが，その提出が漏れ

ていないかのチェックも必要になります。海外の取引先への役務提供対価
の支払いについては，租税条約により免税になることが多いので，この点
が重要になります。

　さらに，**海外に駐在員事務所等がある場合，それらが日本本社の一部で
あるという認識が必要**です（パターンA[7]参照）。
　海外の駐在員事務所については，現地（日本からみた海外）で支払いを
行うことが多くあります。例えば，駐在員事務所の経費にPC等の備品や
車両のリース料が含まれている場合，支払先の多くは海外企業となります。
これは「日本から海外への支払い」という位置付けになるため，駐在員事
務所の所在地国によっては（つまり，租税条約の内容によっては），支払
いにあたって源泉徴収が必要になるケースがあります。
　したがって，源泉徴収漏れがないかのチェックには，海外駐在員事務所
等も対象に含める必要があります（図表Ⅱ-48-1参照）。

図表Ⅱ-48-1　源泉所得税調査では海外駐在員事務所からの支払いに注意

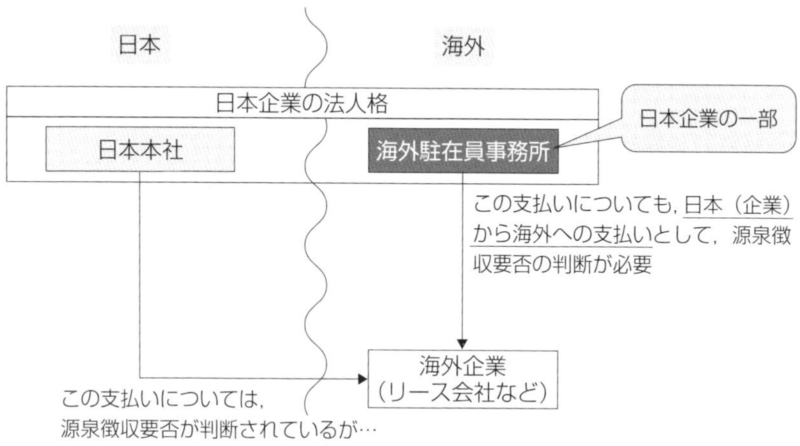

49　海外子会社が税務調査の対象となってしまったら

 ・海外子会社については，一般に損益状況が良くない場合（特に
日本親会社との取引で赤字が発生している場合），税務調査の
対象になりやすい。

海外子会社の税務調査とは？

　日本親会社が日本の税務当局による税務調査を受けるのと同様，海外子
会社はその所在地国の税務当局による税務調査を受けることがあります。

　税務調査の形式は，国によってまちまちです。書面調査が中心で，実地
調査がほとんどない国もあれば，実地調査はあるものの，調査官が会社を
訪問するのではなく，逆に企業の担当者が税務当局に呼び出される形式の
国もあります。

　また，調査官のレベルも千差万別であり，特に新興国においては，調査
官は必ずしも洗練されているとはいえず，非常に強引な課税がなされる場
合があります（これは日本も同じかもしれませんが…）。

リスク回避のためには…

　これは日本親会社についても同様ですが，海外子会社の場合，特に**税務
調査を受けやすい状況を見極めることが重要**になります。つまり，税務リ
スクの高低を事前に認識しておく必要があるということです。

　海外子会社の税務調査リスクを考えるにあたっては，以下の2つの要素
を考慮する必要があります。

(1)　その子会社自体の損益状況
(2)　日本親会社（及びグループ会社）との取引規模とその損益状況

　完全に独立して事業を行っている海外子会社であれば別ですが，日本企業の海外子会社の場合，基本的には，(2)日本親会社との取引による損益が(1)全体の損益に強い影響を与えるものと思われます。

　この場合，(2)を中心にリスクをチェックし，対策を進めていくことになりますが，例えば，図表Ⅱ－49－1のような項目は最低限確認しておく必要があります。

図表Ⅱ－49－1　海外子会社の税務リスク──こういう海外子会社に税務調査が入る
海外子会社の税務リスク（特に移転価格リスク）を示唆する状況
1．海外子会社の損益が… ・継続的に赤字である ・毎期大きく変動している
2．海外子会社の利益水準が… ・現地の比較対象企業より低い ・取引のある国外関連者より低い ・同社が果たす機能や負担するリスクに対応していない
3．日本親会社やその他海外関係会社などに… ・多額のロイヤルティを支払っている ・多額のマネジメント・フィーを支払っている

　端的には，海外子会社が利益を計上し十分に納税していれば，海外の税務当局には文句は言われませんが，海外子会社の損益状況が良くないと，税務調査の対象になりやすいということです。

　上記のような税務リスクの高い状況については，その状況を解消できるのであれば解消し，解消できないのであれば，合理的な説明ができるように準備しておく必要があります。例えば，特定の期に大きな赤字が発生しているのであれば，それが一過性のものであることなどを説明できることが必要です。

50 海外に支店を持っていないのに，海外で納税しろと言われたら

Point
• 日本企業が海外の駐在員事務所で営業活動を行っていると，その拠点がPE（恒久的施設）認定されて，現地で申告・納税を求められることがある。

「PEなければ課税なし」とは？

　海外に支店を有している場合，基本的にはその国で申告・納税を求められます（パターンA⑧参照）。これは，端的には，支店が現地で事業活動を行い，課税所得を得るためです。これをもう少し専門的にいうと，支店のような拠点は，一般にPE（Keyword参照）に該当するため，現地での申告・納税が求められるということです。

Keyword

PE

　PE（Permanent Establishment）とは「恒久的施設」とも呼ばれ，日本企業が海外で事業を行うために設けた一定の施設等をいいます。具体的には，海外支店がこれに該当しますが，PEは支店より幅広い概念であり，一般的には以下のような「事業を行う一定の場所」などがPEに含まれます。
　(1) 支店PE
　　支店，事務所，工場その他事業を行う一定の場所
　(2) 建設PE
　　建設工事や据付工事の現場で12か月を超える期間にわたって存続するもの
　(3) 代理人PE
　　一定の代理人（反復して契約を締結する権限を有する代理人や契約締結のために反復して主要な役割を果たす代理人など。独立代理人を除く）

　これに対して，駐在員事務所が基本的に現地での申告・納税を求められないのは，駐在員事務所は情報収集などの活動（準備的・補助的な性格の

活動）しか行わず，一般にPEに該当しないためです（パターンA⑦参照）。これは，「PEなければ課税なし」という事業所得についての原則に従った取扱いです。例えば，海外に拠点を持たず，ある国に輸出を行っているだけでは，その国で課税されないのと同様の考え方といえます。

　しかしながら，駐在員事務所という位置付けであっても，その拠点が営業活動などを行っていると判断された場合には，PE認定され，進出先国で課税されるリスクがあります。一般的に新興国はPEの範囲を広く解釈し，課税を試みてくる傾向があるので，注意が必要です。

PE認定されたらどうなる？

　日本企業が海外にPEを有すると認定された場合には，**通常現地での税務申告が必要**になります（図表Ⅱ-50-1参照）。

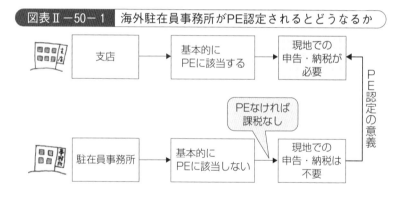

図表Ⅱ-50-1　海外駐在員事務所がPE認定されるとどうなるか

　駐在員事務所がPE認定されて進出先国でも課税された場合，基本的には支店の場合と同様の取扱いとなります。すなわち，外国税額控除により二重課税を排除できるかどうかを検討することになります。

リスク回避のためには…

　PE認定は事実認定の問題なので，「怪しい」外観を創出しないことが重要になります。具体的には，駐在員事務所では，その業務の範囲を情報収

集等に限定し，例えば，現地の顧客との販売契約の締結など，営業活動と疑われるような活動は行わないよう注意する必要があります。

豆知識

海外に全く拠点がなくても納税義務が発生する？

　海外駐在員事務所のPE認定は，駐在員事務所という物理的な拠点が海外にあるため，まだ理解しやすいですが，海外に全く拠点を持っていない日本企業でも，海外でPE認定されることがあります。

　具体的には，海外に専属の販売代理人（例えば，在宅勤務のセールス・パーソン）がいるような場合で，その販売代理人が日本企業からの仕事以外の仕事をしておらず，契約締結権限まで持っているようなケースでは，販売代理人自体が日本企業のPEと認定される可能性が高いといえます。上記のPEの定義には，「一定の代理人」も含まれていますが，それはこのような意味合いのものです。なお，OECDのBEPSプロジェクトを受けて（第Ⅰ部4参照），代理人PEの範囲は拡大される傾向にあるので，その点にも注意が必要です。

　また，海外子会社への出張者や出向者が（日本企業の）PEとして認定される場合もあります。このようなPEは「サービスPE」と呼ばれますが，役務提供者の現地滞在や活動内容自体がPEを構成するという考え方は，必ずしも感覚としてしっくりこないものであるため，特に海外では気を付けておく必要があります。

　さらにいえば，昨今の「デジタル課税」に関する議論では，「PEなくても課税あり」という状況も想定されています。すなわち，今は海外に支店などのPEがなくても，インターネット等を通じて，海外の顧客に直接製品を販売し，所得を稼得することができます。そこで，OECDなどが議論しているのが，「PEがなくても，進出先（市場国）に課税権を認めるかどうか」というテーマで，超シンプルには，これが「デジタル課税」の議論の位置付けといえます。

　このように，海外における納税義務については，色々な角度から考えることが必要になってきています。

付　録

① 逆引き　制度解説（この制度を知りたい）

　「この税制が知りたい」というニーズにお応えするため，以下に各税制の基本的なメッセージと，各税制に注意が必要な局面（本書でのケース番号との対応）をまとめています。

移転価格税制
基本的なメッセージ： 「海外子会社と取引するなら，ちゃんと日本にも応分の利益を落とすように」
ケース⑪　海外子会社を持つ日本企業を買収する
ケース⑫　海外子会社と製品取引を行う
ケース⑬　海外子会社に無形資産を使用させる
ケース⑭　海外子会社の経営管理をサポートする
ケース⑮　海外子会社と共同で研究開発する
ケース⑯　移転価格文書を作成する
ケース㉒　海外子会社から利息を回収する
ケース㉟　海外子会社に利益を付け替えてみる
ケース㊱　海外子会社におおっぴらに利益を付け替えてみる
ケース㊲　海外子会社に無形資産を移転させてみる
ケース㊳　海外子会社から多額の借入を行ってみる
ケース㊴　逆に日本親会社に利益を付け替えてみる
ケース㊵　海外子会社の出資を引き揚げて，代わりに融資を行ってみる
ケース㊻　日本親会社が移転価格調査の対象となってしまったら
ケース㊼　移転価格課税を受けてしまったら
ケース㊾　海外子会社が税務調査の対象となってしまったら

　移転価格税制については，製品などの棚卸資産に限らず，実に様々な取

引の局面で検討が必要になることがわかります。

タックス・ヘイブン対策税制
基本的なメッセージ： 「低税率国の海外子会社でお金を稼いでも，ちゃんと日本で課税しますよ」
ケース⑪　海外子会社を持つ日本企業を買収する
ケース㉜　タックス・ヘイブンに子会社を設立してみる
ケース㉝　海外子会社に優遇税制を活用させてみる
ケース㊳　海外子会社から多額の借入を行ってみる
ケース㊺　タックス・ヘイブンにない子会社にタックス・ヘイブン対策税制が適用されたら

　タックス・ヘイブン対策税制については，「タックス・ヘイブン」という語感よりも，適用対象の範囲が広い点に注意が必要です。

外国税額控除制度
基本的なメッセージ： 「海外で払った税金は，日本でも税金を払っているなら，そこから差し引いてよいですよ」
ケース④　海外から何らかの入金がある
ケース⑧　海外に支店を設置する
ケース㉒　海外子会社から利息を回収する
ケース㉕　海外子会社を売却する
ケース㉗　海外で税金を取られたら…（外国税額控除vs.損金算入）
ケース㊿　海外に支店を持っていないのに，海外で納税しろと言われたら

　海外に進出すると，様々な局面で日本と海外の二重課税が発生するため，それを排除するための外国税額控除制度を活用する場面が多くあります。

外国子会社配当益金不算入制度	
基本的なメッセージ： 「海外子会社は海外で課税されていることだし，そこからの配当は日本ではあまり課税しませんよ」	
ケース21	海外子会社から配当を回収する
ケース26	海外子会社を清算する
ケース30	海外から資金を還流させることになったら…（配当vs.利息）
ケース31	海外から撤退することになったら…（売却vs.清算）
ケース41	中間持株会社を使って配当経路を変更してみる
ケース42	海外子会社の売却前に配当させてみる

　外国子会社配当益金不算入制度は，海外子会社から配当を回収する局面のみならず，海外子会社の清算の場面でも適用されます。

② 最近の税制改正

ここでは，2015年度以降の税制改正のポイントをまとめています。

2015年度税制改正　　主な改正内容：外国子会社配当益金不算入制度の改正

- BEPSプロジェクトへの対応の一環として，外国子会社配当益金不算入制度について，損金算入配当が同制度の適用対象から除外されました。

2016年度税制改正　　主な改正内容：移転価格税制の改正

- BEPSプロジェクトへの対応の一環として，移転価格文書化制度が整備され，多国籍企業グループに対して，以下の文書の作成（保存または税務当局への提供）が義務付けられました。
  1. 「国別報告事項」：国別の活動状況に関する情報
  2. 「事業概況報告事項」（マスターファイル）：グループの活動の全体像や移転価格ポリシーに関する情報
  3. 「独立企業間価格を算定するために必要と認められる書類」（ローカルファイル）：同時文書化義務

2017年度税制改正　　主な改正内容：タックス・ヘイブン対策税制の改正

- BEPSプロジェクトへの対応の一環として，タックス・ヘイブン対策税制に大きな改正が行われました。
- この改正により，「実質支配関係」の概念が導入され，同税制の適用対象の範囲が拡大されました。
- 外国関係会社のなかに「特定外国関係会社」という区分が新たに設けられ

（ペーパー・カンパニーなどが該当），租税負担割合が30％以上でない限り，会社単位の合算課税が行われることとされました。

- 改正前の「適用除外基準」が「経済活動基準」という呼称になり，一定の事業（航空機リース業など）が同基準を充足できるように基準の改正が行われました。
- 改正前の「資産性所得」が「受動的所得」として改組され，その範囲が拡大されました。

2018年度税制改正　主な改正内容：タックス・ヘイブン対策税制の改正

- タックス・ヘイブン対策税制について，日本企業の海外展開を阻害することなく，効果的に国際的な租税回避に対応するという，これまでの国際課税の見直しの方向性に沿った改正が行われました。
- 具体的には，日本企業がM&A等により取得した外国企業の傘下にあるペーパー・カンパニーを整理する場合に生じる一定の所得を合算対象としないこととされました。

（その他，恒久的施設（PE）関連規定の見直しも行われています）

2019年度税制改正　主な改正内容：様々な改正

【移転価格税制】

- 移転価格税制について，同税制の対象となる無形資産の範囲が明確化されました。
- また，独立企業間価格の算定方法（特に比較対象取引が特定できない無形資産取引等に対する価格算定方法）として，DCF法が新たに追加されました。
- さらに，評価困難な無形資産に係る取引（特定無形資産取引）に係る価格調整措置が導入されました。
- なお，移転価格税制に係る法人税の更正期間及び更正の請求期間等が6年から7年に延長されました。

（その他，差異調整方法に関する改正なども行われています）

【タックス・ヘイブン対策税制】

- タックス・ヘイブン対策税制について，ペーパー・カンパニー（特定外国関係会社）の範囲が変更され，租税回避リスクが限定的な一定の外国関係会社がペーパー・カンパニーの範囲から除外されました。

- また，外国関係会社が企業集団等所得課税規定を適用している場合に関する規定が整備され，現地で連結納税やパススルー課税が行われる外国関係会社の租税負担割合や適用対象金額等の計算方法が明確化されました。

【過大支払利子税制】

- BEPSプロジェクトへの対応の一環として，過大支払利子税制について，第三者に対する支払利子も新たに損金算入制限の対象に含められました（受領者側で日本の法人税の課税所得に算入されるものは，制限対象から除外）。

- また，損金算入限度額が調整所得金額の50％から20％に引き下げられました。

- さらに，調整所得金額の計算上，益金不算入とされた受取配当等の金額を当期の所得金額に加算しないこととされました。

（その他，適用免除基準についても改正が行われています）

2020年度税制改正　主な改正内容：子会社株式簿価減額特例の新設

- 子会社からの配当が益金不算入となることを利用し，子会社から配当と子会社株式の譲渡を組み合わせた租税回避に対応するための改正（子会社株式簿価減額特例の新設）が行われました。

- 具体的には，一定の子会社（50％超の保有関係など）から受ける配当等の額が，株式等の帳簿価額の10％相当額を超える場合などの一定の場合に，その配当等の額のうち益金不算入相当額を，その株式等の帳簿価額から減額することとされました。

③ 我が国の租税条約のネットワーク

《77条約等、140か国・地域適用／2020年10月1日現在》(注1)(注2)

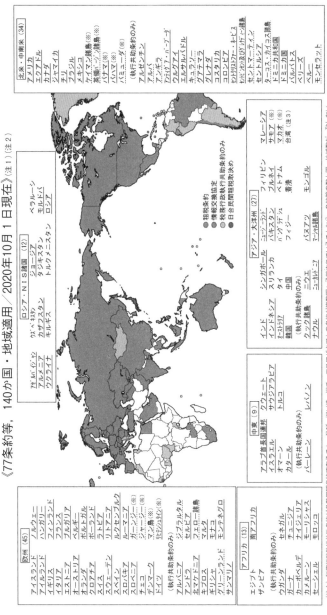

凡例
- ● 租税条約
- ● 情報交換協定
- ● 税務行政執行共助条約のみ
- ● 日台民間租税取決め

北米・中南米 (34)
アメリカ
エクアドル
カナダ
ジャマイカ
チリ
ブラジル
メキシコ
ケイマン諸島(※)
英領バージン諸島(※)
パナマ(※)
バハマ(※)
バミューダ(※)
(執行共助条約のみ)
アルゼンチン
アルバ
アンギラ
アンティグア・バーブーダ
ウルグアイ
エルサルバドル
キュラソー
グアテマラ
グレナダ
コスタリカ
コロンビア
セントクリストファー・ネービス
セントビンセント
セントルシア
タークス・カイコス諸島
ドミニカ共和国
ドミニカ国
バルバドス
ベリーズ
ペルー
モントセラット

ロシア・NIS諸国 (12)
アゼルバイジャン
アルメニア
ウクライナ
カザフスタン
キルギス
ウズベキスタン
タジキスタン
トルクメニスタン
ジョージア
ベラルーシ
モルドバ
ロシア

アジア・大洋州 (27)
インド
インドネシア
オーストラリア
韓国
中国
(執行共助条約のみ)
クック諸島
ナウル
シンガポール
スリランカ
タイ
ニウエ
ニューカレドニア
バヌアツ
フィリピン
ブルネイ
ベトナム
香港
モンゴル
ニュージーランド
パキスタン
バングラデシュ
フィジー
マーシャル諸島
マレーシア(※)
サモア(※)
マカオ
台湾(注3)

中東 (9)
アラブ首長国連邦
イスラエル
オマーン
カタール
クウェート
サウジアラビア
トルコ
(執行共助条約のみ)
バーレーン
レバノン

アフリカ (13)
エジプト
ザンビア
南アフリカ
(執行共助条約のみ)
ウガンダ
ガーナ
カーボベルデ
カメルーン
セーシェル
セネガル
チュニジア
ナイジェリア
モーリシャス
モロッコ

欧州 (45)
アイスランド
アイルランド
イギリス
イタリア
エストニア
オーストリア
オランダ
クロアチア
スイス
スウェーデン
スペイン
スロバキア
スロベニア
チェコ
デンマーク
ドイツ
ノルウェー
ハンガリー
フィンランド
フランス
ブルガリア
ベルギー
ポルトガル
ポーランド
ラトビア
リトアニア
ルクセンブルク
ルーマニア
ガーンジー(※)
ジャージー(※)
マン島(※)
リヒテンシュタイン(※)
(執行共助条約のみ)
アルバニア
アンドラ
北マケドニア
キプロス
ギリシャ
グリーンランド
サンマリノ
ジブラルタル
セルビア
フェロー諸島
マルタ
モナコ
モンテネグロ

(注1) 税務行政執行共助条約が多数国間条約であること、及び、旧ソ連・旧チェコスロバキア(チェコとの間で新租税条約が発効)との条約が複数国へ承継されていることから、条約等の数と国・地域数が一致しない。
(注2) 条約等の数及び国・地域数の考え方は以下のとおり。
・租税条約:二重課税の除去並びに脱税及び租税回避の防止を主たる内容とする条約:64本、74か国・地域
・情報交換協定:租税に関する情報交換を主たる内容とする協定:11本、11か国・地域
・税務行政執行共助条約:我が国について107か国・地域(図中、国名に下線)、適用拡張により我が国が締約国である125か国・地域(図中、国名に下線)、地域の計54か国。
・日台民間租税取決め:1本、1地域
(注3) 台湾については、公益財団法人交流協会(日本側)と台湾日本関係協会(台湾側)との間の民間租税取決め及びその内容を日本国内で実施するための法令によって、全体として租税条約に相当する枠組みを構築(現在、公益財団法人日本台湾交流協会(日本側)及び台湾日本関係協会(台湾側)にそれぞれ改称されている。)。
(出典:財務省ウェブサイト)

索　引

■著者紹介

佐和　周（さわ　あまね）

公認会計士，税理士
佐和公認会計士事務所　代表
関西学院大学非常勤講師
『佐和周のブログ』運営者

1999年　東京大学経済学部を卒業，同年朝日監査法人（現 有限責任 あずさ監査
　　　　法人）に入所。
2008年　英国ケンブリッジ大学経営大学院（Cambridge Judge Business School）
　　　　首席修了（MBA）。
2009年　KPMG 税理士法人に転籍。
2011年　佐和公認会計士事務所を開設。財務・会計・税務の面から，日本企業の
　　　　海外進出や海外事業管理をサポートしている。

主な著書

『海外進出・展開・撤退の会計・税務Q&A』，『海外進出企業の税務調査対策
チェックリスト』，『これだけは押さえておこう 海外取引の経理実務ケース50』，
『英和・和英 海外取引で使える会計・税務用語辞典』，『M&A における 財務・
税務デュー・デリジェンスのチェックリスト』，『2020年度税制改正後のタック
ス・ヘイブン対策税制』（共著），『この取引で B/S・P/L はどう動く？財務数値
への影響がわかるケース100』（以上，中央経済社）など。その他，旬刊『経理
情報』，月刊『国際税務』，週刊『税務通信』など，雑誌への寄稿多数。

これだけは押さえておこう

国際税務のよくあるケース50〈第3版〉

2014年 7 月10日	第 1 版第 1 刷発行
2016年 6 月20日	第 1 版第 6 刷発行
2017年12月10日	第 2 版第 1 刷発行
2019年11月20日	第 2 版第 6 刷発行
2020年12月10日	第 3 版第 1 刷発行
2024年 6 月20日	第 3 版第 5 刷発行

著　者　佐　　和　　　　周

発行者　山　　本　　　　継

発行所　㈱中 央 経 済 社

発売元　㈱中央経済グループ
　　　　パ ブ リ ッ シ ン グ

〒101-0051　東京都千代田区神田神保町1-35
電話 03 (3293) 3371 (編集代表)
03 (3293) 3381 (営業代表)
https://www.chuokeizai.co.jp

©2020
Printed in Japan

製　版／東光整版印刷㈱
製　本／㈲井上製本所